C. G. T. 1283

Siège social : 33, Rue Grange-aux-Belles, 33
PARIS (X°) — Téléph. Nord 45-31

RAPPORTS

DES

Comités et des Commissions

Pour l'Exercice 1914-1918

PRÉSENTÉS AU

XIX° CONGRÈS CORPORATIF

XIII° DE LA C. G. T.

Tenu à Versailles, du 15 au 18 Juillet 1918

PARIS

IMPRIMERIE NOUVELLE (ASSOCIATION OUVRIÈRE)

1918

RAPPORTS

DES

Comités et des Commissions

Pour l'Exercice 1914-1918

PRÉSENTÉS AU

XIXᵉ CONGRÈS CORPORATIF

(XIIIᵉ de la C. G. T.)

Tenu à Versailles, du 15 au 18 Juillet 1918

———※———

RAPPORT

SUR

L'ACTION GÉNÉRALE DE LA C. G. T.

depuis Août 1914

Les quatre années qui viennent de s'écouler n'ont pas été quatre années d'expectative et d'inactivité pour le Comité confédéral. Dès les premiers moments de la guerre, il essaya de surmonter les difficultés de l'heure et de remplir la mission de solidarité qui lui était dévolue à l'égard de la classe ouvrière non appelée aux armées.

La tâche était ardue, il s'agissait, tout d'abord, de rassembler et de redonner vie aux organisations, toutes atteintes, toutes démembrées par la mobilisation.

Sans continuité de vie des Unions de Syndicats, des Bourses du Travail, des Fédérations nationales corporatives, aucun effort sérieux et continu ne pouvait être tenté.

A cet effet, le Comité confédéral lança aux organisations plusieurs circulaires, les invitant à rassembler leurs forces diminuées et à constituer dans chaque centre des foyers de vie ouvrière.

CONFÉDÉRATION GÉNÉRALE DU TRAVAIL

Aux Organisations.

Maintenant que la guerre est déclarée, en face de la période qui s'ouvre le Comité confédéral rappelle aux groupements ouvriers (Bourse du Travail et Unions de Syndicats) que la besogne utile et impérieuse de l'heure présente, c'est l'organisation de la solidarité.

Des misères vont être à soulager, des femmes et des enfants à secourir ; c'est le devoir des organisations syndicales de venir en aide à ceux et à celles que la guerre a laissés sans soutien.

Comment peuvent-elles le faire ?

En mettant au plus vite et au mieux, leurs locaux à la disposition de tous ; en donnant aux services de santé leurs cliniques syndicales ; en organisant les soupes communistes.

Cette pratique de la solidarité prouvera la force de notre mouvement, en même temps qu'elle en assurera la continuité.

Jamais les Bourses du Travail et les Unions des Syndicats n'auront eu un rôle aussi nécessaire, aussi urgent à remplir.

En soulageant les misères créées par la crise présente, les organisations syndicales affirmeront aux yeux de tous la valeur de notre doctrine d'entente et de solidarité humaines.

Cette besogne peut être aisément faite par les militants qui restent. Nous avons la conviction que chacun comprendra nos conseils ; ils nous sont dictés par les circonstances actuelles. Nos camarades s'emploieront à les mettre en pratique, dans l'intérêt général de la classe ouvrière.

Le Comité confédéral.

P.-S. — Malgré le départ d'un grand nombre de camarades du Comité confédéral, les services administratifs continueront à fonctionner dans la mesure du possible.

* *

Pour la jeunesse.

L'occupation de la jeunesse de treize à dix-huit ans, voilà une question dont la solution est aussi urgente que celle du chômage.

On a parlé d'utiliser différents moyens pour soustraire notre jeunesse aux dangers de l'oisiveté.

D'aucuns verraient dans la militarisation des jeunes gens, un résultat ; d'autres croyent qu'il serait utile de les mettre à la disposition des municipalités, pour les différents services de transmission diverses.

Ce sont là, assurément, des moyens qui peuvent remédier au désœuvrement présent, mais, selon nous, ils ne solutionnent pas la question.

A notre avis, il faut, sur ce terrain comme sur tous les autres, penser à l'avenir.

Or, que nous réserve demain ? Une diminution certaine de la main-d'œuvre professionnelle.

Il n'est pas douteux qu'un certain nombre, — nous le souhaitons aussi réduit que possible — d'habiles professionnels, de ceux qui étaient les espoirs de leur métier, dont les mains maniaient habilement l'outil, resteront sur les champs de bataille.

Ce sera une perte sèche et pour l'humanité et pour l'industrie.

Ne devons-nous pas penser à les remplacer dans la mesure du possible, par la formation de jeunes techniciens ?

Parmi cette foule de jeunes hommes, aujourd'hui oisifs, il en est un certain nombre qui ont déjà des rudiments de connaissances professionnelles, qui ont commencé un apprentissage.

Ne pourrait-on pas leur permettre de continuer cet apprentissage pendant la durée des hostilités ? Nous aurions, ainsi, la guerre terminée, une armée de jeunes professionnels prêts à prendre la place de leurs aînés disparus. Il n'y aurait pas, de cette façon, de gros à-coups dans le fonctionnement industriel. L'exemple qu'a donné le Syndicat de l'Ameublement en ouvrant pour les jeunes un atelier d'apprentissage, est à retenir et à imiter.

Il conviendrait tout d'abord, que les écoles professionnelles municipales et départementales rouvrent leurs portes. Que dans chaque quartier, des usines soient réquisitionnées pour être transformées en ateliers professionnels, placés sous la direction d'ouvriers expérimentés ayant les aptitudes nécessaires à cette fonction.

Ce qui se ferait pour Paris pourrait être répété en province, en déclarant *obligatoire* la fréquentation de ces écoles et ateliers professionnels.

Les dépenses seraient nulles en comparaison du résultat obtenu.

Les villes ou l'Etat prendraient à leur charge les frais des repas du midi. Les écoliers, ainsi, ne sortiraient que le soir.

Ces mesures éviteraient les entraînements fatals que la rue contient en elle, et les jeunes gens secourus sous cette forme, ne viendraient pas grossir l'armée d'oisifs déjà trop nombreuse.

Les dépenses de nourriture et autres, faites dans ces écoles et ateliers se retrouveront, demain, par les économies réalisées dans le service pénitentiaire.

Préparer pour demain une main-d'œuvre habile pour combler les vides causés par la guerre, empêcher le désœuvrement de gangrener des jeunes intelligences, telle est l'œuvre qui s'offre à tous ceux qui raisonnent, qui voient et qui veulent agir.

Pour la C. G. T. :

Le Secrétaire,

L. JOUHAUX.

* * *

CAMARADE SECRÉTAIRE,

Les circonstances actuelles ne doivent en aucune façon ralentir le fonctionnement de nos organisations, il nous faut, pendant et après cette épreuve, être capables d'accomplir la mission qui nous est dévolue.

Déjà nous avons indiqué le rôle humain que nous pouvons jouer par la mise en activité de nos institutions de solidarité.

Une deuxième besogne, aussi pressante que la première, reste à effectuer, il s'agit de nous faire connaître d'une façon *aussi précise que possible* le nombre de nos camarades syndiqués actuellement mobilisés.

Ce travail pourra se faire rapidement en procédant de la façon suivante : en consultant les livres des Syndicats et en défalquant du nombre des inscrits ceux qui restent, l'on aura immédiatement le total des mobilisés.

En second lieu, nous demandons aux Bourses du Travail et Unions de Syndicats de nous tenir au courant des cas de morts ou de blessures qui pourront s'être produits parmi les nôtres, de même nous indiquer tous ceux étant en traitement dans la région relevant de chaque Bourse. Les secrétaires indiqueront :

1° L'endroit et le jour ou sont tombés les morts ;

2° La nature des blessures et porteront également à notre connaissance si les familles ont été averties.

Ces renseignements nous serviront à faire un travail d'ensemble nécessaire à tous les points de vue.

Nous sommes sûrs que vous comprendrez l'utilité du travail que nous vous demandons et que vous vous appliquerez à le réaliser le plus promptement et le plus consciencieusement possible.

Dans cet espoir, recevez notre salut fraternel et syndicaliste.

Pour la C. G. T. :

Le Secrétaire,

L. JOUHAUX.

Ces appels ne restèrent heureusement pas sans réponse. Malgré les douleurs des séparations, malgré les perspectives angoissantes qui s'ouvraient pour tous, les militants restants comprirent la nécessité de ne pas se laisser submerger, de lutter pour conserver notre mouvement ouvrier.

Partout nos organismes syndicaux participèrent à l'organisation de l'aide à apporter aux familles nécessiteuses, la grande majorité de la population, pendant les premiers mois de la guerre.

Ce sera l'orgueil du mouvement ouvrier français de s'être spontanément assimilé les nécessités et d'avoir fait œuvre virile, utile, humanitaire, lui qui avait été tant calomnié et tant persécuté.

Le Secours national.

Dès les premiers mois de la guerre, la C. G. T. fut sollicitée de participer à la constitution d'un Comité de secours national, composé de délégués de tous les partis et de toutes les conceptions, agissant en dehors de toute préoccupation politique dans le but d'aider à soulager toutes les misères engendrées par la guerre.

Le Secrétaire confédéral et le Secrétaire de l'Union des Syndicats de la Seine y furent délégués.

Leur rôle s'exerça surtout à orienter les efforts du Comité vers l'assistance par le travail.

Sur leurs indications, le Comité de Secours national subventionna, avança des fonds aux ateliers professionnels, aux ouvroirs professionnels, permettant ainsi aux femmes des mobilisés de trouver une aide effective par un travail rémunérateur. Partout où sous le contrôle des organisations ouvrières, Bourses du Travail, Unions de Syndicats, des ateliers professionnels furent constitués, les prix des travaux de couture furent relevés et une barrière fut dressée contre l'exploitation des entrepreneurs de confection. Toujours sur la pression des organisations, des marchés directs de l'Intendance furent passés avec ces ateliers professionnels. ce qui excluait l'intermédiaire et remettait entre les mains des travailleurs la gestion de leur production.

Des écoles d'apprentissage eurent également l'aide du Comité.

Des œuvres d'assistance en nature, le Comité ayant exclu pour la plus grande part les secours en argent, furent créées à Paris et en province. Dans les repas populaires. les familles nécessiteuses trouvèrent gratuitement ou à des sommes minimes, des repas substantiels.

Ces œuvres des repas populaires fonctionnèrent, pour une grande part, dans les locaux des organisations ouvrières, sous le contrôle et la gestion des militants ouvriers. Plus de 8 millions de francs ont été employés par cette grande œuvre d'assistance.

Nous aurons montré l'importance et l'utilité de ces repas populaires en disant que pour 0 fr. 20 centimes, une femme ou un homme nécessiteux, était assuré d'y trouver un repas complet : pain, viande et légumes.

Par leur pratique des repas communistes, armes des grèves ouvrières, les Syndicats, les Maisons communes et les Bourses du Travail purent réaliser, promptement et bien, dans ce domaine. Il est bon d'ajouter que la centralisation et la régularisation de tous ces repas populaires, de toutes les œuvres analogues instituées par les autres groupements, furent placées à la Maison des Syndicats. sous la direction du Secrétaire de l'Union des Syndicats de la Seine.

Le Secours national développe et subventionne les œuvres de refuges et de vestiaire des réfugiés des pays envahis. Il coopère activement au ravitaillement et à la reconstruction des régions détruites. Enfin, il s'est préoccupé des orphelins de la guerre.

Auprès de lui, toutes les œuvres, constituées avant comme pendant la guerre, ont trouvé aide. Par le canal de nos organisations, de leurs orphelinats, il nous a permis de venir au secours de nos orphelins, en attendant que l'État paye la dette contractée par la Nation à leur égard.

La C. G. T. a centralisé les demandes des organisations syndicales pour les orphelins du monde du travail et réparti les subventions mensuelles.

On peut dire que sur le terrain de la solidarité nationale, en dehors de l'humiliante charité. le Secours national a réalisé un maximum, auquel organisations et militants ont participé.

La Commission du Travail

Presque à la même époque que celle de la constitution du Secours national. le gouvernement créa la Commission du Travail. Cette commission avait pour fonction, dans le bouleversement résultant de la mobilisation, de rechercher les moyens de parer à la crise du chômage.

Le Secrétaire confédéral y siégea avec des socialistes, les citoyens

Vaillant et Marcel Sembat, ce dernier y remplissant la fonction de président.

C'est dans cette Commission que furent examinées la reprise des travaux d'utilité publique, l'utilisation des chômeurs du bâtiment à la mise en état du camp retranché de Paris. La Commission se prononça également sur le travail des femmes dans les entreprises publiques en remplacement des hommes mobilisés. Sa décision fut que les salaires de ces femmes-remplaçantes devraient être les mêmes que ceux des ouvriers et qu'il ne pouvait s'agir que d'une utilisation temporaire, limitée à la durée de la guerre.

L'ouverture d'ateliers d'apprentissage pour les jeunes gens fut son œuvre. Elle traita également de la question de recensement industriel et esquissa l'idée de la mobilisation industrielle. Son travail, arrêté par la marche des armées allemandes sur Paris, ne fut jamais repris.

Les délégués à la Nation

Il ne s'agit pas là, à proprement parler, d'une action confédérale, puisque le Secrétaire confédéral n'accepta de la remplir qu'à titre purement personnel.

Qu'étaient-ce que les délégués à la Nation ?

Des hommes dont le mandat aurait été de parcourir le pays pour exposer à leur milieu respectif des thèses de vérité et pour les appeler à une action dirigée en vue de l'intérêt collectif.

Aucun mandat impératif ne leur était donné, aucun engagement ne leur était demandé.

Comprenant l'intérêt qui s'attachait à une telle besogne, qui n'était rien moins que de constituer une opinion publique, à une époque où l'état de siège régnait partout, le Secrétaire confédéral accepta.

Pour lui, il s'agissait de toucher tous les milieux ouvriers, de leur donner vie légale, malgré l'état de siège, de coordonner leurs efforts et de constituer ainsi une puissance d'action, qui eut été une force de vérité et de réalisation d'intérêt général, dans un moment où l'état de siège, fortifié par la censure, condamnait chacun à l'expectative.

Cette organisation devait être réalisée, après discussion, quand le départ du gouvernement à Bordeaux vint brusquer les choses.

C'est la veille de ce départ, à sept heures du soir, que le Secrétaire confédéral en fut avisé.

Avec quelques camarades, il fut décidé de convoquer pour le lendemain une réunion du Comité confédéral, pour le mettre au courant de la situation et aviser aux mesures à prendre.

A cette réunion, le Comité accepta, sans la prendre à sa charge, la décision du Secrétaire et décida, sur sa demande, d'envoyer à Bordeaux une délégation, dont le travail serait de se maintenir en relation avec les organisations de province — l'on parlait de l'investissement de Paris — et d'agir auprès du gouvernement si des événements survenaient à Paris. C'était une sage précaution qui nous était dictée par l'isolement de Paris et de la province, en 1871.

Les délégués à la Nation ne fonctionnèrent pas, des intrigues politiques s'étant nouées contre leur fonctionnement.

D'autres gens devinrent, pour d'autres buts et d'autres conceptions que les nôtres, des délégués à la Nation d'une forme particulière.

La délégation de Bordeaux, qui tous les jours se réunissait à la Bourse du Travail, envisagea alors de faire œuvre utile, en se partageant les centres de province et en remontant vers Paris, accomplissant une pure besogne d'action ouvrière, auprès des différents milieux syndicaux.

Pour cela, l'état de siège durant, des laissez-passer lui étaient accordés et elle accomplissait en même temps un travail de recensement industriel.

Le Comité confédéral, resté à Paris, demanda au Secrétaire confédéral de venir lui expliquer ce dont il s'agissait.

Au cours de cette réunion, après explications, le Comité n'ayant pas compris tous les avantages de cette tournée, le Secrétaire retournait à Bordeaux demander à ses camarades de rentrer à Paris sans faire quoi que ce soit.

A Bordeaux, la délégation n'était pas restée inactive. Elle s'était préoccupée d'aider les repas populaires organisés par la Bourse du Travail et d'obtenir pour eux une subvention du Secours national. Elle avait également accompli plusieurs démarches en vue de la mise en train de certains grands travaux de construction, susceptibles de remédier à la crise de chômage.

Le Comité d'action

Pendant ce temps et sur décision du Comité, les camarades restés à Paris avaient, d'accord avec les membres du Parti socialiste, constitué le Comité d'action, qui comprit plus tard des délégués des Coopératives.

Les diverses brochures et circulaires qui ont été adressées aux organisations ont mis celles-ci au courant des travaux accomplis par ce Comité d'action.

Travail, vie chère, loyers, secours aux réfugiés, aux soldats, aux permissionnaires, aux blessés, interventions contre des actes arbitraires, ravitaillement, reconstruction des régions envahies, etc. Toutes ces questions furent par lui envisagées sous l'angle des intérêts de la Nation, et l'on dut à son action la taxation du blé, qui a permis de conserver le pain à un prix à peu près normal; la taxation du sucre, les principes ouvriers inscrits dans le projet de loi des indemnités de guerre, un projet sur les loyers, des projets d'organisation de ravitaillement.

Partout où se sont agités et où s'agitent des intérêts ouvriers, le Comité d'action est intervenu, il n'a pas toujours obtenu ce qu'il demandait; il est bon cependant de dire que son action n'a pas été inefficace.

Première tournée de propagande

Le Comité organisa, en cette fin d'année 1914, une première tournée de propagande à travers le pays.

Le but était de reconstituer les centres syndicaux, de constater l'état des forces ouvrières, de relever la besogne faite et de déterminer l'action à faire, en la coordonnant.

Cette tournée, qui comprit la presque totalité des Unions départementales et une grande partie des Bourses du travail, permit au Comité d'asseoir un peu plus solidement son action et de diriger cette action vers des buts revendicatifs.

Délégation des gaziers en grève de Milan (Italie)

Les ouvriers de l'usine à gaz de Milan, s'étant mis en grève pour obtenir une augmentation de salaire, décidèrent, devant la résistance systématique de leur directeur, d'envoyer à Paris (février 1915) une délégation, trouver le Conseil d'administration de la Société des Gaz, qui est française.

La délégation s'adressa à la C. G. T. pour lui demander aide et assistance dans ces démarches. Assistée du Secrétaire confédéral, la délégation des travailleurs italiens fut assez heureuse pour obtenir satisfaction. Ses démarches terminées, elle proposa au Comité que le Secrétaire confédéral l'accompagnât pour en rendre compte aux grévistes et montrer ainsi que la solidarité internationale, même pendant la guerre, n'était pas un vain mot. Le Comité y consentit et le Secrétaire se rendit à Milan, en se tenant exclusivement dans les limites du mandat qui lui avait été tracé.

<h2 style="text-align:center">Les Commissions mixtes
de reprise économique</h2>

Comprenant la nécessité de ne pas rester inactif devant les problèmes du travail à reconstituer, le Comité décida, en janvier 1915, de demander au ministre du Travail d'instituer, pour la durée de la guerre, des Commissions mixtes, composées de délégués des organisations ouvrières et patronales, dont le but serait, dans chaque centre, de rechercher l'utilisation des moyens et des ressources propres à faire revivre tout ou partie des industries arrêtées par la mobilisation.

Elles devaient également se préoccuper des conditions générales du travail après la guerre.

A la lettre du Comité confédéral, qui ne retranchait rien de son passé d'action et qui n'engageait nullement l'avenir, le ministre du Travail répondait par la lettre suivante :

MONSIEUR,

Vous m'avez fait parvenir une résolution tendant à la constitution, dans chaque centre industriel, de Commissions mixtes temporaires, limitées à la durée de la guerre, composées d'éléments patronaux et ouvriers des industries de la région, fonctionnant sous la direction d'un délégué du gouvernement de la République et qui auraient pour objet :

1º De rechercher, par des enquêtes, la possibilité de reprendre la vie économique ;

2º De fixer en accord les conditions de salaires et de temps de travail en prenant pour base les contrats professionnels déjà existants ;

3º De se préoccuper de la question de l'apprentissage.

Le gouvernement de la République ne s'est pas désintéressé des recherches que vous signalez. Dès le jour de la mobilisation, il s'y est attaché. C'est ainsi que, en ce qui le concerne, le ministère du Travail s'est tenu en communication avec la Commission permanente du Conseil supérieur du travail, avec les Syndicats patronaux et ouvriers ; qu'il a poursuivi par la Commission permanente, par les enquêteurs de l'Office du Travail, par les inspecteurs du travail, de très nombreuses enquêtes sur les moyens de faire reprendre ou de régulariser la vie économique ; que, à la date du 12 novembre, il invitait le Conseil des prud'hommes de Paris à une enquête de même nature, dont les indications lui semblaient devoir être précieuses. Il m'a semblé, après mûr examen, qu'il pouvait être utile de généraliser une action qui jusqu'ici a été efficace partout où elle s'est exercée. J'ai donc invité les préfets qui n'en ont pas encore pris l'initiative à constituer des Commissions mixtes. Il est permis d'espérer que de la collaboration des patrons et des ouvriers sortiront des vues pratiques, des moyens susceptibles d'activer la reprise du travail et de maintenir ainsi dans le pays les ressources nécessaires à sa défense.

En ce qui concerne le second objet que vous avez indiqué, je crois utile de rappeler que, pour de grandes catégories de travaux, la question que pose votre lettre est déjà résolue. Je veux parler des travaux exécutés pour le compte de l'État, des départements et des communes. A leur égard, les décrets du 10 août 1899 ont institué dans le but même indiqué par votre lettre, une procédure par voie de Commissions mixtes. Les constatations faites en prenant pour base les contrats professionnels déjà existants forment les bordereaux (salaire et durée de travail) qui doivent être annexés aux cahiers des charges pour les marchés de travaux et de fournitures.

Un certain nombre de Commissions, par exemple dans la Seine, publient les bordereaux. Les instructions ministérielles demandent que partout une large publicité leur soit assurée, mais il faut reconnaître que souvent cette publicité a fait un peu défaut.

Les décrets du 10 août 1899, je le rappelais plus haut, ne visent que les marchés de travaux et fournitures pour le compte des administrations publiques.

Mais, ainsi qu'il a été souvent constaté, l'action des bordereaux, lorsqu'ils sont publiés, peut dépasser le champ de ces marchés : ils font connaître en effet le cours des salaires établis par les contrats, fondé sur la pratique et le consentement général ; patrons et ouvriers les prennent tout naturellement pour base de leurs contrats nouveaux et même lorsqu'ils s'en écartent, en subissent l'influence régulatrice.

Il est donc permis de penser que c'est dans le développement de l'application des décrets de 1899, dans le fonctionnement régulier des Commissions mixtes qu'ils instituent, dans une large publicité donnée à leurs constatations, à leurs bordereaux, que l'on trouvera la plus efficace réalisation du deuxième objectif indiqué dans votre lettre.

Tenant compte de ces faits, les instructions que je viens de donner aux préfets définissent le rôle des Commissions nouvelles sur les trois points visés par votre lettre. Vous en trouverez ci-joint un exemplaire.

En vous exprimant ici tous mes remerciements pour les idées si intéressantes suggérées par votre lettre, je vous prie, Monsieur, de recevoir l'expression de mes sentiments les plus distingués.

Le ministre du Travail,

(Illisible).

Nous communiquions cette réponse aux organisations par la circulaire qui suit :

AUX FÉDÉRATIONS CORPORATIVES, AUX UNIONS DE SYNDICATS.

Camarades.

Nous vous adressons ci-joint copie de la réponse du ministre du Travail, nous annonçant conformément à notre demande, la constitution des Commissions mixtes temporaires, limitées à la durée de la guerre. Armés de ce document, nous avons la certitude, que vous montrerez assez de vigilance, pour que ces nouveaux organismes ne se réalisent pas en dehors de nos organisations confédérées. Il y a intérêt majeur, à ce que ce soit nous, qui facilitions de notre point de vue, la reprise de l'activité et qui préparions, en accord avec nos intérêts, les conditions de travail de demain.

Par la même occasion, nous vous demandons de nous fournir un nouveau rapport sur ce qui a été tenté pour la reprise de la vie syndicale dans votre Fédération, dans votre région, sur les résultats obtenus ainsi que sur ceux que vous pouvez prévoir. Il est indispensable, que nous restions en communication constante, nos efforts seront ainsi plus cohérents et notre puissance en sera d'autant accrue.

Egalement, nous sollicitons que vous interveniez, que vous fassiez telle propagande qui fasse connaître aux réfugiés belges ou français qui se trouvent dans vos régions, que les portes de vos organisations leur sont largement ouvertes. Il faut essayer de ramener au Syndicat, tous ceux qui étaient organisés dans leur milieu.

Nous comptons que vous comprendrez la nécessité de l'effort demandé et que vous-mêmes et vos Syndicats, travaillerez sans relâche pour atteindre ce résultat.

Dans l'espérance de recevoir de vous une réponse satisfaisante, nous permettant d'espérer de plus amples résultats, recevez, camarades, notre salut fraternel et syndicaliste.

Pour le Comité confédéral :

Le Secrétaire,

L. Jouhaux

Les Commissions constituées, les résultats de leurs travaux furent jusqu'ici, outre les actions locales, d'obtenir d'un point de vue général :

1° L'organisation du placement en France, sur des bases paritaires;

2° D'indiquer les conditions essentielles de l'apprentissage;

3° De s'affirmer pour le travail des femmes, en faveur de l'application du principe : « A travail égal, salaire égal »; de réclamer des mesures de garantie, de sécurité, d'hygiène, pour les femmes et les jeunes gens et les jeunes filles employés dans l'industrie;

4° De proclamer le droit pour l'ouvrier retour du front de retrouver la place qu'il occupait avant la guerre;

5° D'accepter le rapport confédéral sur les conditions d'importation et de contrôle ouvrier de la main-d'œuvre étrangère en France;

6° D'indiquer dans quel sens d'intérêt général, la réorganisation économique de demain doit se faire;

A l'obtention de ces résultats, qui ne sont pas tous devenus des réalités, nous le reconnaissons, les délégués ouvriers, sérieusement documentés, participèrent activement, en faisant presque toujours triompher leur point de vue.

La Commission supérieure des allocations militaires

En application de la loi du 5 août 1914, sur les indemnités aux femmes et compagnes des mobilisés, une commission supérieure des allocations fut instituée au ministère de l'Intérieur. Cette commission supérieure a pour tâche d'examiner toutes les demandes d'appel qui lui sont adressées par les intéressées qui se sont vu refuser le bénéfice de l'allocation par les commissions cantonales et d'arrondisssement.

Plusieurs membres du Comité confédéral et du Comité d'Action furent appelés à y siéger parmi lesquels le Secrétaire confédéral, les camarades Doumenq et Luquet.

Le travail de ces délégués ouvriers au sein de cette commission fut de réparer les décisions injustifiées prises à l'égard des femmes, compagnes, frères, pères, mères, et enfants de travailleurs mobilisés. C'est par milliers que ces réparations du droit se chiffrent.

Par leur action au sein de cette Commission, les délégués ouvriers ont contribué à obtenir :

Que les majorations soient de droit lorsque l'allocation principale est accordée, que ces majorations soient données, à tous les enfants au-dessous de seize ans, qui ne travaillent pas, dans le sens du gain; que les femmes de mobilisés dont le salaire n'est pas supérieur à 5 francs par jour continuent à toucher les allocations; qu'il ne fut pas retiré le bénéfice de l'allocation aux femmes des mobilisés industriels quand le salaire quotidien de ceux-ci ne sera pas supérieur à 7 francs, quand ils travailleraient dans une région autre que celle de leur résidence habituelle; que les fonction naires femmes de mobilisés bénéficient de l'allocation; que les réformés temporaires continuent à toucher leurs allocations et majorations quand à leur retour ils n'auraient pu retrouver leur situation d'avant-guerre.

En collaboration avec d'autres camarades, des démarches furent faites pour obtenir à Paris le relèvement des taux des majorations, ce qui a été fait depuis.

L'œuvre des délégués syndicaux au sein de cette Commission se traduit, pour la classe ouvrière, par la réparation de milliers d'injustices, réparations qui ont permis aux familles des travailleurs mobilisés de trouver dans l'allocation et les majorations l'aide dont elles avaient besoin, et, par l'application de principes généraux, réglant l'attribution des allocations, tous imprégnés des besoins et des droits des prolétaires.

. **Le 1ᵉʳ Mai 1915**

A l'occasion de cette date de revendications ouvrières, ne voulant pas que la guerre rompît nos traditions prolétariennes, le Comité confédéral invita les Unions de Syndicats, les Bourses du Travail, à réunir leurs Syndicats. Il édita un numéro spécial de la *Voix du Peuple*, contenant l'exposé rétrospectif de l'action faite par la C. G. T. avant la guerre, en faveur de la Paix et donnant une vue d'ensemble de l'attitude observée depuis août 1914.

L'appel suivant fut lancé :

AUX ORGANISATIONS OUVRIÈRES

CAMARADES,

Puisque cette année, nous ne pouvons fêter notre 1ᵉʳ Mai, comme les années passées, que ce jour soit au moins, pour nous tous, pour ceux qui restent à la tâche que d'autres ont abandonnée pour répondre à l'appel de la mobilisation, un jour de réunion, de souvenir et de recueillement. De souvenir, sur la signification qu'emprunte dans le monde entier, pour le prolétariat mondial, cette date du 1ᵉʳ Mai. De recueillement pour que notre pensée s'en aille vers les champs de bataille, envelopper d'une atmosphère d'affectueuse solidarité ceux qui combattent et leur porter l'espoir.

Qu'en cette journée, nous haussant au-dessus de la mêlée présente, souhaitons ardemment que la calamité cesse bientôt et que les peuples, réconciliés, reprennent leur marche en avant.

Prenons également l'engagement solennel de rester attachés au principe de l'Internationale qui, seule, pourra être la sauvegarde de la paix universelle.

Travail, amour, telle doit rester notre devise. Nous avons une mission historique à remplir, la guerre atroce que nous subissons ne doit pas nous la faire oublier.

Indéfectiblement résolus à sauvegarder la civilisation, nous devons comprendre la besogne qui nous incombe ; besogne d'éducation et de réalisation pratique, à laquelle il faut nous préparer, dès l'heure présente, par une union plus étroite, entre tous ceux que réunit un même besoin de mieux-être, commandé par des mêmes intérêts.

Jour de 1ᵉʳ Mai, cette année aussi, tu es pour nous, prolétaires, un jour d'espérance. Nous élevons nos âmes dans une même communion d'espoir, au-dessus des haines de races et des rivalités individuelles.

Pour ceux des nôtres qui sont morts, pour ceux qui combattent encore, et qui nous reviendront, nous aurons le courage de résister aux passions mauvaises que la guerre déchaîne, nous resterons ce que nous étions hier, des adversaires du mal, des amoureux du bien.

A ceux qu'anime un tel idéal, et c'est notre cas, nous avons le droit de crier, malgré la hideur des temps présents : « Courage et espoir ».

Reprise de la vie dans les organisations
Action menée

Après le 1ᵉʳ Mai 1915, une vie un peu plus intime naquit dans les organisations, Fédérations, Unions et Bourses.

La vie chère, les loyers, le ravitaillement de la population civile, la rééducation des mutilés de la guerre, le taux des pensions aux orphelins, aux veuves, aux invalides, sollicitent l'attention du monde du travail et appellent son action.

Sur toutes ces questions le Comité confédéral a apporté des solutions conformes aux intérêts de prolétaires.

Ces solutions, il les a portées à la connaissance des organisations, leur demandant d'appuyer par leur effort personnel, leur réalisation. D'accord avec le Comité d'action, il fit connaître au gouvernement. la nécessité de satisfaire aux demandes si justifiées du monde du travail.

Sur la vie chère, le Comité réclamait l'organisation collective de l'exploitation agricole ; la réquisition et la taxation des produits de première nécessité ; le contrôle de la répartition afin d'éviter le gaspillage.

Sur les loyers, le Comité se prononçait, dès cette époque, pour que soient exonérés totalement de leurs charges locatives, tous les mobilisés, tous les chômeurs. Il réclamait le vote d'une loi de liquidation générale, ayant à la base, avant toute appréciation, une exonération générale de 50 %, en raison de l'élévation du coût de l'existence.

Enfin, il demandait que l'Etat n'intervienne aucunement en ce qui concerne les indemnités aux propriétaires non payés de leurs locations.

Sur le ravitaillement de la population civile, le Comité indiquait la nécessité d'importer sous le contrôle de l'Etat, les denrées que ne nous fournissait pas notre sol ou qu'il ne fournissait plus en assez grande quantité. Il réclamait la limitation du frêt. Il dénonçait la manœuvre des Compagnies d'armement, débarquant leurs équipages, désarmant leurs navires, afin de créer une situation de difficultés, dont la conséquence serait d'obtenir l'augmentation des primes. Par des interventions, par des protestations écrites, ses délégués montraient le danger d'aboutir à une pénurie de matières, créant une crise de quantité et de prix. Ce qui s'est produit pour le charbon.

Se prononçant, d'accord avec le Comité d'action, pour l'importation des viandes frigorifiées, il réclama la construction d'une flotte et l'aménagement de wagons destinés au transport de cette denrée, ainsi que la construction de frigorifiques.

Sur la rééducation des mutilés de la guerre, le Comité indiqua la nécessité de créer des écoles ou ateliers d'apprentissage, spécialement aménagés à cet effet. Il montra également l'utilité de perfectionner les appareils de prothèse en usage et de les mettre en assez grand nombre à la disposition des mutilés.

Sur l'utilisation industrielle des mutilés, il se prononça pour que cette question fut étudiée, dès ce moment, sous l'angle des perfectionnements à apporter dans les industries, en vue de l'adaptation des mutilés à des travaux compatibles avec leurs forces physiques et tenant compte de leurs mutilations. Il réclama que la pension ne vienne pas jouer dans l'établissement de leurs salaires et que leur soit appliqué le principe : « A travail égal, salaire égal ».

Enfin il aida à la constitution d'une association ouvrière des mutilés de la guerre, placée sous l'égide de la C. G. T.

Sur la question des pensions, en accord avec le Comité d'action, il réclama et continue à revendiquer :

1° L'institution d'une assurance de tous les mobilisés et de leur famille, ainsi que de tous les civils victimes de la guerre ;

2° Obligation de la Nation pour :

a) Les secours, indemnités et pensions ;

b) La prise en tutelle des familles ;

3° Le droit légal de tout assuré à revendiquer les indemnités, secours, pensions, etc. ;

4° La création de l'association des assurés et la gestion avec le concours des Syndicats et organisations ouvrières ;

5° Le principe d'indemnité basé sur la perte du salaire ;

6° Les fonds nécessaires au fonctionnement de cette assurance devront être pris sur le budget et couverts par un prélèvement sur l'impôt global et progressif sur le revenu, le capital et les successions.

Les conditions du travail, de salaires, sont l'objet de réclamations, de démarches, que ses délégués accomplissent auprès des pouvoirs responsables.

A cet effet et pour pouvoir mener avec force sa campagne, le Comité adressa aux Unions de Syndicats la circulaire suivante :

AUX MEMBRES DU CONSEIL DE L'UNION DES SYNDICATS

CAMARADES,

Le Comité confédéral, dans sa séance du 31 décembre 1915, a décidé de vous faire appel, pour être les intermédiaires entre lui et les travailleurs mobilisés dans les usines de métallurgie, et toutes industries travaillant pour la défense nationale.

Saisi de réclamations particulières, le Comité n'a pu dresser un rapport d'ensemble, qui lui aurait permis d'agir vigoureusement pour obtenir, ce qui est son devoir, la disparition ou tout au moins l'atténuation de tous les actes arbitraires qui peuvent se commettre à l'égard des ouvriers et des ouvrières. Cette besogne urgente, indispensable, il pourra l'effectuer, si les Unions des Syndicats, les Bourses du Travail, recueillent les plaintes, *motivées*, les lui font parvenir par des rapports concis et objectifs, après enquête faite par le Secrétaire ou tout autre militant.

Les points principaux, sur lesquels votre attention devra porter sont :

1º Salaires : a) Y a-t-il augmentation ou diminution ; b) Dans quelle proportion par rapport aux anciens ;

2º Heures de travail ;

3º Conditions d'hygiène ;

4º Conditions de garanties ;

5º Assistance médicale ;

6º Punitions infligées ;

7º Retenues opérées sur les salaires, leur taux, leur destination ;

8º Marche des usines, les arrêts, leur durée, leurs causes, les ouvriers reçoivent-ils une indemnité pour ces interruptions de travail ?

9º Prix du coût de la vie, dans quelle proportion a-t-il augmenté ? a) Prix des denrées ; b) Prix des loyers ;

10º Y a-t-il de la main-d'œuvre féminine, dans quelle proportion ? de la main-d'œuvre étrangère, dans quelle proportion et de quelle nature ? A quelle condition de salaires par rapport à la main-d'œuvre masculine ?

11º Y aurait-il des améliorations à apporter (travail et prix de la vie) à la situation, les désigner selon leur nature et leur efficacité.

Vous comprendrez aisément l'utilité de la tâche qui vous est demandée par le Comité confédéral. Elle ressort de votre qualité d'organisme de la classe ouvrière. Ce que demande le Comité confédéral, c'est que vous soyez, dans la mesure des possibilités actuelles, le lien entre lui et les prolétaires des usines.

Ce rôle, il vous est facile de le remplir, puisque vous êtes sur place et en relation directe avec les travailleurs mobilisés.

Nous vous signalons tout particulièrement un point important, *l'exploitation de la main-d'œuvre féminine.*

Nous espérons que vous allez vous mettre à la besogne pour fournir au Comité confédéral les éléments qui lui sont indispensables pour remplir sa mission de défense ouvrière et pour pouvoir, demain, faire face à la campagne contre les mobilisés de l'usine, campagne qui déjà se dessine dans certains milieux.

Dans l'espoir d'accomplir, en unissant nos efforts, une œuvre utile et féconde, recevez, Camarade, notre salut fraternel et syndicaliste.

Pour le Comité confédéral :

Le Secrétaire,

L. JOUHAUX.

La mobilisation industrielle faite en dépit du bon sens fut, en partie, redressée par l'institution au ministère des Munitions, d'un service ouvrier et par l'application de la loi Dalbiez, conséquence des protestations du mouvement ouvrier.

Si de plus grands et de plus effectifs résultats ne furent pas obtenus, la responsabilité du Comité confédéral est hors de cause, car il s'était déclaré prêt à engager sa responsabilité pour que soient respectées et appliquées des règles normales tenant compte des nécessités de la défense nationale, des droits des ouvriers professionnels et des intérêts collectifs de la Nation.

Au départ de cette mobilisation industrielle, le monde du travail avait réclamé la réquisition des usines et du matériel, estimant que seul l'intérêt général devait avoir voix au chapitre.

La Conférence nationale d'août 1915.

Désireux de connaître l'opinion des organisations de province sur la situation générale, sur les revendications à formuler, sur l'effort à faire, le Comité confédéral décidait la tenue d'une Conférence nationale des Fédérations nationales corporatives, des Unions de Syndicats et des Bourses du Travail. Cette Conférence ne pouvait certes pas avoir la valeur d'un Congrès — impossible en raison du démembrement des Syndicats — cependant elle devait donner une indication précise sur l'action générale, en même temps qu'elle permettrait de coordonner effectivement les efforts de tous en vue des résultats communs.

La circulaire suivante en fixa la date, la durée et l'ordre du jour :

Paris, le 30 juillet 1915.

CAMARADES,

La Conférence nationale des Fédérations, des Unions et des Bourses du Travail, est définitivement fixée au 15 août 1915. Elle se tiendra Grande Salle de l'Union des Syndicats, 33, rue de la Grange-aux-Belles.

La vérification des mandats aura lieu, le matin, à partir de huit heures.

Nous demandons aux organisations, de nous adresser, autant que possible, leur mandat avant le 15 août, pour que l'on ne perde pas un temps précieux à une vérification qui pourrait être faite la veille, par des membres du Comité confédéral.

La représentation est fixée à deux membres par organisation.

L'ordre du jour, sur lequel les organisations doivent mandater leurs délégués, reste :

« Examen de la situation générale créée aux Syndicats par l'état de guerre. Attitude à observer. »

Il y aura deux séances, une le matin, une l'après-midi. La séance du matin pourra commencer à neuf heures et demie, si les délégués sont diligents. Etant donné l'exiguïté du temps, nous espérons que tous seront exacts.

Nous rappelons qu'il est indispensable que chacun fasse effort pour faire de cette Conférence une manifestation de vie et de puissance qui prouve que le Syndicalisme reste debout, malgré la terrible calamité que nous traversons.

Comptant sur le raisonnement et la perspicacité de tous, recevez, camarades, notre salut fraternel et syndicaliste.

Les Trésoriers,   *Le Secrétaire,*
CH MARCK, CALVEYRACH.   L. JOUHAUX.

Les organisations répondirent nombreuses à cet appel, puisque 38 Fédérations nationales corporatives y furent représentées par 68 délégués ; 34 Unions départementales de Syndicats par 46 délégués ; 46 Bourses du travail par 58 délégués. Au total : 118 organisations par 172 délégués.

La Conférence ne put aborder l'examen des questions d'organisation du travail qui se posaient déjà à cette époque, ses deux séances ayant été complètement prises par la discussion de l'altitude confédérale passée question qui ne devait pas venir à l'ordre du jour.

Il eut été souhaitable que cette Conférence fit un travail plus utile, plus positif. Que, terminée, elle ne laissa pas le Comité avec ses seules conceptions, en lutte avec des problèmes de plus en plus nombreux et face à des difficultés sans cesse augmentant. Telle quelle, cette première Conférence nationale fut cependant une manifestation importante de la vitalité du mouvement ouvrier.

Elle se termina par le vote de l'ordre du jour suivant, qui fut adopté, par 81 organisations, contre 27 et 10 abstentions.

Résolution votée à la Conférence.

La Conférence nationale des Fédérations corporatives, des Unions des Syndicats, des Bourses du Travail, tenue à la Maison des Syndicats, le 15 août 1915.

Rappelle que son opposition à la guerre s'est affirmée en toute circonstance dans l'action de la C. G. T., à l'occasion de sa propagande dans le pays comme dans ses rapports avec l'extérieur ;

Qu'en 1900-1901, au lendemain de Fachoda, qui vit se heurter la politique coloniale de la France à celle de l'Angleterre, heurt qui faillit dégénérer en un conflit guerrier, la C. G. T. se prêta à des manifestations qui eurent lieu à Paris et à Londres, en vue de rapprocher les prolétaires des deux pays ;

Qu'en 1906, la C. G. T., au lendemain de Tanger, a cherché à établir avec le prolétariat allemand une communauté d'action afin de créer une opposition à une guerre franco-allemande, au sujet du Maroc ;

Qu'en 1911, la C. G. T. s'est rendue à Berlin, sur appel des organisations ouvrières allemandes, dans l'unique but de travailler à une collaboration pacifique des deux peuples dans l'œuvre du progrès humain ;

Que dans ces diverses occasions, comme au cours de sa propagande, elle n'a eu pour préoccupation que de former dans l'esprit public une atmosphère de paix ;

Que, dans l'intérieur du pays comme à l'extérieur, elle a toujours tendu à affaiblir la force du militarisme de conquête, instrument guerrier considéré par l'Internationale comme l'ennemi de tout mouvement ouvrier ;

Qu'ainsi elle a participé pour une large part à la formation d'une opinion nationale hostile à toute provocation et à toute guerre ;

Qu'en agissant de la sorte, elle a rendu impossible toute agression française contre un pays quel qu'il fût et que, par là, elle s'inspirait des véritables sentiments internationalistes, qui considèrent tout peuple comme une agglomération humaine dont l'action et le concours sont indispensables à l'œuvre d'émancipation sociale, base de la C. .G T. ;

Que, dans ces conditions, elle a la conviction d'avoir en tous temps et en tous lieux agi en conformité des principes constitutifs de l'Internationale ;

Que, conséquemment, elle est prête, demain, à affronter le verdict des prolétariats des autres pays.

Par là, la C. G. T. affirme à la fois son amour de l'entente entre les peuples et son désir de voir se rétablir la paix, pour le maintien de laquelle elle a conscience d'avoir tout fait.

La Conférence désapprouvant toute politique de conquête, fait appel au prolétariat international pour que la paix, prix de tant de sacrifices et de tant d'horreurs, soit le triomphe définitif du droit sur la force ;

Que ces garanties acceptées pour tous les pays : « recours à l'arbitrage obligatoire, suppression de la diplomatie secrète, fin des armements à outrance », surgisse la possibilité de la constitution de la Fédération des Nations, assurant à tous les peuples le droit de disposer librement d'eux-mêmes et sauvegardant l'indépendance de toutes les nationalités.

La Conférence, dans le but d'affirmer avec force et efficacité le point de vue précité, demande instamment à tous les prolétariats organisés, d'accepter la proposition de l'American Federation of Labor, pour la tenue d'un Congrès international, aux mêmes lieu et date auxquels se tiendrait la Conférence des diplomates pour la fixation des conditions de paix.

Essai d'organisation du travail
dans les ports

En cette fin d'année 1915, les nécessités d'importations se faisant plus exigeantes, l'encombrement des ports augmenta considérablement. Sur tous les quais, les matériaux et les denrées s'entassaient, pendant que de nombreux navires ne pouvaient être déchargés. Il en résultait des surestaries formidables, dont le coût venait augmenter d'autant le prix de vente des marchandises pourtant de première nécessité, tel le charbon .

Nombre de journaux et de personnalités voulaient faire remonter la responsabilité de cette situation aux ouvriers dockers. C'est alors que, d'accord avec la Fédération des ports et docks, nous proposâmes d'organiser le travail dans les ports, d'une façon telle, que le déchargement des navires en devait être considérablement intensifié.

Nous demandâmes qu'il fut institué, dans chaque port, un office de la main d'œuvre qui connaîtrait les ressources en travailleurs disponibles et les besoins des navires. Cet office aurait pu, très rapidement, répartir la main-d'œuvre professionnelle, éviter les chômages partiels — si fréquents dans les ports — et encadrer la main-d'œuvre non professionnelle, afin d'éviter les à-coups et d'obtenir un meilleur rendement. L'office devait fonctionner avec la collaboration officielle du Syndicat ouvrier. Ainsi constitué, cet organisme nouveau eut été à même d'apporter toutes les modifications nécessitées par les besoins du travail et d'adopter rapidement de nouvelles méthodes de travail à des exigences nouvelles. De son application serait résulté un grand bien pour les ouvriers, qui auraient vu diminuer le nombre de leurs heures de chômage, en raison d'un emploi plus rationnel de la main-d'œuvre prisonnière, pour la Nation tout entière qui, payant moins de surestaries, aurait été assurée d'une plus grande stabilité des prix en même temps que d'une plus grande suffisance des denrées et produits nécessaires.

Accepté par les autorités responsables, ce projet ne fut jamais appliqué, la résistance des bureaux s'y opposant.

Il est bon de noter, cependant, que bien des réformes ont été apportées dans le travail des ports, sous le fait de cette action concertée, avec l'organisation nationale intéressée et techniquement désignée pour remplir ce rôle.

Appel à l'action méthodique

AUX FÉDÉRATIONS NATIONALES CORPORATIVES,
AUX UNIONS DE SYNDICATS,
AUX BOURSES DU TRAVAIL.

Camarades,

La Conférence nationale, tenue le 15 août dernier, n'a pu, étant donné l'exiguïté du temps, aborder l'examen des questions d'ordre économique que le Comité confédéral avait cru devoir porter à l'ordre du jour.

Cette impossibilité ne doit pas être une raison pour éluder jusqu'après les hostilités, l'examen des solutions à intervenir sur des questions qui intéressent au plus haut degré le mouvement ouvrier.

Nous l'avons souvent dit au cours des quatorze mois écoulés : la vie syndicale ne saurait s'arrêter ; rien de ce qui constituait, hier, nos espérances d'avenir, nos espoirs de mieux-être, ne doit disparaître.

Aux difficultés de demain, il nous faudra savoir faire face, comme nous avons jusqu'ici, su le faire, dans la mesure de nos moyens.

Pour cela, il ne faut négliger aucun effort, ne disperser aucune force. Il faut surtout, maintenir l'activité de tous ceux qui restent, en donnant un but positif à leur action.

Déjà, en période de paix, les discussions poursuivies à l'infini deviennent des éléments déprimants. Quel danger ne constituent-elles donc pas à l'heure présente, où toute l'ambiance est saturée d'énervement, de lassitude !

Comment mieux lutter contre la dépression morale, cause de faiblesse, qu'en donnant à l'activité générale un objectif réel, qu'en coordonnant les actions particulières de chaque milieu, vers l'obtention des résultats désirables pour tous et perceptibles à tous. Faire renaître la confiance en soi, affirmer la force de la volonté sont, en même temps que la garantie du succès, le secret de notre puissance de demain.

La vie sans l'action ne constitue aucune des conditions nécessaires au développement, ne prépare aucune possibilité de reprise de la lutte économique.

Nous avons le devoir de parler au nom des intérêts de la classe ouvrière, comme nous devons savoir prévoir, pour un lendemain malheureusement encore éloigné, des conditions favorables à la réalisation de nos espérances prolétariennes.

A cet effet, nous soumettons à l'examen, au jugement des organisations confédérées, les principaux points de ce qui, pour nous, doit constituer les préoccupations dominantes du monde ouvrier.

En premier lieu, se place la *réparation des dommages causés par la guerre.* De ces réparations, nous entendons que ne soit pas exclu le *capital-travail,* seule propriété des prolétaires.

Cette question a déjà fait l'objet de discussions au sein du Comité confédéral, du Comité d'action (délégués de la C. G. T. et du Parti socialiste réunis), et c'est le résultat de ces discussions que nous soumettons à votre appréciation.

En seconde place, viennent les *problèmes de la réorganisation du travail et des conditions propres à assurer un développement progressif de nos industries.* Ne serait-il pas désirable de connaître, pour être mieux armé dans la lutte, les raisons pour lesquelles certaines industries sont restées stationnaires, pourquoi d'autres ont dépéri, disparu de nos centres régionaux.

N'appartient-il pas à la classe ouvrière d'indiquer, en ce qui la concerne plus particulièrement, les remèdes à apporter à une situation dont dépend son avenir.

Les facultés d'observation, les aptitudes d'organisation des membres des groupements syndicaux doivent trouver, dans le cadre de cette question, les moyens de s'affirmer, pour le plus grand bénéfice de tous. Ces indications, produites publiquement, peuvent constituer un stimulant, qui réagira de façon heureuse contre les pratiques de routine et de laisser-aller qui, trop longtemps, ont eu cours dans ce pays.

Préparer une intensification de la production dans tous les domaines, c'est travailler à accroître le bien-être général, c'est favoriser l'obtention de plus grandes et plus profondes améliorations.

Les conséquences financières de la guerre vont peser lourdement sur la vie des peuples. Comment décharger, en partie, notre vie de ce lourd tribut, si ce n'est en poussant à l'exploitation de toutes les richesses du sol et du sous-sol, par des entreprises hardies, audacieuses, en stimulant la mise en activité de toutes les énergies productrices, ainsi que l'application de toutes les ressources créées par le progrès ?

Montrer que cette mise en œuvre de tous les perfectionnements techniques est chose faisable, que par elles surgiront des ressources nouvelles, sans demander au moteur humain, un travail excessif et déprimant, c'est faire œuvre syndicaliste.

Comme troisième point se pose la *question de la main-d'œuvre étrangère.*

La main-d'œuvre nationale, déjà rare hier, se fera encore plus rare demain avec les vides que la guerre aura creusés dans l'armée prolétarienne. De là, nécessité de faire appel, à une large échelle, à la main-d'œuvre étrangère. Déjà, ce racolage en pays étranger a commencé.

Si nos intentions ne peuvent pas être de nous opposer à la venue de nos camarades des autres pays, nos intérêts nous commandent de réclamer la réglementation de l'immigration, sous des conditions de garantie pour nos salaires et pour le libre fonctionnement de nos organisations syndicales.

L'arbitraire, l'illégalisme qui avaient cours dans le bassin minier et métallurgiste de Meurthe-et-Moselle, et dans différentes autres régions, ne doivent pas, les hostilités terminées, se renouveler sur une plus grande échelle.

La classe ouvrière, qui aura consenti des sacrifices considérables, devra avoir le droit de s'organiser librement, sur le terrain de ses intérêts de classe, sans que le patronat vienne lui opposer, dans son action revendicative, d'autres prolétaires inorganisés, tenus en laisse par une absence complète de libertés et de garanties.

Pour cela, les conditions d'immigration de la main-d'œuvre étrangère doivent être le fait des deux parties intéressées, patrons et ouvriers ; pour cette question, doivent intervenir leurs organisations centrales respectives, sous le contrôle de l'Etat.

L'immigration sera recrutée et dirigée sur les lieux de production, après entente des organismes centraux de chaque prolétariat, sous leur contrôle et avec la garantie réciproque de chaque Etat, pour ce qui concerne ses nationaux.

La question de la main-d'œuvre étrangère, solutionnée sur un autre terrain que celui des principes internationalistes, le serait en dehors de nous et contre nous. Nous avons le devoir de conjurer ce péril redoutable.

Par des chiffres exacts, précis, il nous faut démontrer dans quelle proportion le coût de la vie a augmenté. Réagir contre les tendances qu'ont certains sénateurs et parlementaires à s'opposer à toute mesure indispensable.

Nous devons déclarer que la liberté du commerce ne doit pas constituer, plus encore dans les circonstances présentes, le droit à la spéculation sur le dos des consommateurs. Pour arriver à obtenir les mesures de garantie nécessaires : taxation, fixation d'un maximum, constitution de stocks, nous devons avoir en mains tous les éléments d'une intervention faite au nom des intérêts de tous. A cet effet, nous demandons à chaque organisme régional, local, de nous adresser un rapport détaillé sur le coût des denrées.

Enfin, nous voudrions voir les organisations ouvrières, chacune en ce qui les concerne, nous formuler un programme de mise à l'étude des modifications à apporter dans l'organisation du travail et le recrutement de la main-d'œuvre qui soit un premier pas fait vers la réalisation de la part de la direction qui revient aux travailleurs dans la mise en œuvre de la production.

Exemples : institution de bureaux de placement régionaux et départementaux; connaissement par les organisations ouvrières des cahiers des charges qui lient les entrepreneurs de travaux publics à la commune, au département, à l'Etat et aux administrations publiques ; institution des délégués ouvriers sur les chantiers de travaux publics ; organisation des délégués de fabriques, etc., etc.

Un tel ensemble de problèmes d'actualité, joint à la solution rapide des questions comme celles des *loyers*, du ravitaillement, des pensions aux invalides de la guerre, aux veuves, la prise en tutelle par la nation des orphelins de la guerre, la rééducation professionnelle des mutilés, sur laquelle les Fédérations corporatives se sont déjà prononcées, constitue un programme devant retenir l'attention du monde du travail et susceptible de déterminer un redoublement d'activité qui mettrait fin à l'inertie déprimante.

A son examen, nous convions instamment toutes les organisations. Qu'elles discutent, qu'elles décident, qu'elles nous livrent en des rapports condensés et clairs, le résultat de leurs observations et de leurs décisions, pour que nous puissions harmoniser, coordonner tous ces désirs, afin de constituer des courants capables d'influer sur l'opinion publique et sur les pouvoirs légiférants.

Ce faisant, nous aurons répondu aux espérances de ceux de nos camarades qui sont au front et qui ne comprendraient pas notre inactivité.

Nous ne voulons pas, en demandant cet effort justifié, faire croire aux organisations qu'il nous sera possible de solutionner favorablement tous ces points ; nous voulons simplement leur demander de marquer leur volonté de commencer la lutte, de prendre date, pour qu'un jour prochain nous puissions, avec force et conscience, réclamer ce à quoi nous avons droit.

Dans l'espérance de voir chacun se mettre sérieusement à la besogne, recevez, camarade, notre salut fraternel et syndicaliste. Pour la C. G. T. :

Le Secrétaire, L. JOUHAUX.

N.-B. — Le Comité confédéral a également décidé l'organisation d'une tournée générale à travers tous les centres ; les délégués auront mandat de s'entretenir avec vous de ce programme d'action et de vous indiquer dans quel sens vos efforts doivent se porter. L. J.

Deuxième tournée de propagande

Soucieux de stimuler l'action, le Comité confédéral, voulant parfaire l'œuvre indiquée dans sa précédente circulaire, organisait une seconde tournée de conférences.

Par l'avis suivant, il portait cette décision à la connaissance des organisations :

Paris, le 26 novembre 1915.

Camarade Secrétaire,

Conformément à la décision prise par le Comité confédéral — organisation d'une tournée — vous êtes compris parmi les villes devant être visitées.

Vous voudrez bien, en conséquence, convoquer soit les membres militants de vos organisations, bureaux des syndicats, si vous croyez qu'une réunion plus élargie n'aurait pas de chance de succès, soit dans l'autre cas, tous les syndiqués non mobilisés, par voie de circulaires. Les circulaires pourront être adressées, par vos soins, directement ou par ceux des syndicats.

L'ordre du jour de ces conférences est contenu dans la circulaire que vous avez reçue contenant le programme d'action du mouvement syndical, nous y ajoutons la question de la main-d'œuvre féminine.

Il est inutile de vous rappeler longuement que ces conférences doivent avoir un plein succès, pour cela aucun élément de réussite ne doit être négligé.

Sûr que vous comprendrez l'effort à faire en raison des résultats à obtenir, recevez, camarades, notre salut fraternel et syndicaliste.

Pour la C. G. T. :

Le Secrétaire,

L. JOUHAUX.

Le 1er Mai 1916

Poursuivant son but de réalisations positives, le Comité confédéral se saisissait de la date du 1er Mai pour rappeler aux Syndicats la nécessité de coordonner départementalement leurs efforts et pour orienter l'action vers les problèmes que posaient les circonstances.

Les congrès d'Unions départementales lui semblaient d'une utilité incontestée et il en préconisait la tenue, de même qu'il invitait les organisations à se préoccuper des problèmes de demain, qui, résolus dans le sens des conceptions ouvrières, constitueraient des garanties de stabilité pour la paix de demain.

A cet effet, il adressait la circulaire ci-dessous :

AUX UNIONS DE SYNDICATS,
AUX BOURSES DU TRAVAIL,
AUX SYNDICATS.

La date du 1er Mai ne peut pas passer indifférente pour les masses ouvrières organisées.

Si terribles que soient les heures que nous vivons, si grandes soient les douleurs qui nous étreignent, nous devons continuer à porter nos regards vers l'avenir, nous avons l'obligation de préparer demain.

Pour agir dans ce sens, le Comité confédéral a pensé qu'il était utile d'indiquer aux Bourses du Travail et aux Unions départementales qu'il y avait lieu d'organiser des petits congrès régionaux, dont la conséquence immédiate, serait de renouer les relations entre les organisations syndicales d'une même Union départementale et ainsi de créer une renaissance syndicale.

Les Unions locales, les Bourses du Travail, les Unions départementales sont, pendant trop longtemps, restées isolées les unes des autres.

La vie syndicale, s'est de ce fait considérablement ralentie et le peu de puissance d'action que la guerre nous a laissé, s'est trouvé éparpillée, disséminée sans grande influence, sur le cours des événements.

Outre les problèmes d'actualité qui se posent à l'esprit des militants et à l'activité des organisations, nous approchons de l'époque où il nous faudra affirmer nettement et énergiquement notre point de vue sur les conditions de paix.

Notre influence ne sera effective, qu'autant que, dans chaque centre, les organisations se seront soudées entre elles, qu'autant qu'il y aura communauté d'action.

Les événements actuels sont pour nous une dure leçon, ils nous montrent, l'obligation de rester unis et d'agir collectivement, malgré les divergences de conceptions ou de points de vue.

Demain, ne doit pas nous trouver désunis, impuissants pour agir dans le sens de notre idéal international.

Ce sont toutes ces considérations majeures qui ont dicté la décision du Comité confédéral de faire appel à tous pour la tenue de congrès départementaux.

Ces congrès ou conférences pourraient avoir lieu dans la semaine qui précède le 1er Mai, ou dans celle qui le suit, voire même pendant le cours du mois de mai.

Mais nous insistons pour que cette date soit marquée par un réveil ouvrier et par une affirmation très nette de ne pas rester inactif.

A l'ordre du jour, pourrait utilement être inscrites, en plus des conditions de reconstitution des Unions, les questions de la vie chère, main-d'œuvre étrangère et main-d'œuvre féminine.

Le numéro spécial de la *Voix du Peuple* donnera à chacun des rapports sur ces problèmes dont la solution s'impose, en même temps que des indications sur les clauses ouvrières à insérer dans le traité de paix.

Nous sommes assurés que tous, vous comprendrez la nécessité de l'effort qui vous est demandé et que dès maintenant, vous allez vous mettre à l'œuvre pour la réaliser.

Dans cet espoir, recevez ,camarades, avec nos encouragements, nos vœux les plus ardents pour la fin la plus rapide de l'atroce guerre.

Vive l'*Organisation Ouvrière* ;
Vive l'*Internationale Ouvrière*.

Pour la C. G. T. :

Le Secrétaire,

L. JOUHAUX.

Le Comité éditait, comme l'année précédente, un numéro spécial de la *Voix du Peuple*, portant la manchette « La Confédération convie les organisations à agir » et contenant un exposé des principaux problèmes avec leurs solutions possibles.

A l'occasion de ce 1er Mai, le Comité eut une réunion spéciale à laquelle assistaient les camarades O'Grady et Appleton, de la General Federation des Trades-Unions, Rigola et Quaglino, de la Confédération Italienne, et Gaspar, représentant la Commission Syndicale belge.

C'est à cette réunion que se décida la Conférence internationale des pays alliés, qui se tint à Leeds (Angleterre).

La main-d'œuvre étrangère

Cette question s'était posée avant la guerre, les circonstances actuelles en rendent sa solution plus impérieuse. Déjà, la Commission mixte du département de la Seine avait accepté le rapport qu'à ce sujet nous lui avions présenté. Mais chaque jour de guerre augmentant les besoins de production, toujours plus nombreux arrivaient les travailleurs des autres pays. Le recrutement ne se limitait plus aux seuls pays neutres européens, restés en dehors de la guerre, on allait recruter jusqu'en Chine.

Nous apprîmes que devaient incessamment arriver dans ce pays-50,000 ouvriers chinois, recrutés en dehors de toute garantie.

Le Comité, par son Secrétaire, intervint auprès du gouvernement contre ce fait. Il fut assez heureux d'obtenir que cet envoi fût limité à 5,000 travailleurs réservés exclusivement pour les arsenaux.

En même temps fut constituée la Commission interministérielle de la main-d'œuvre étrangère.

Le Secrétaire confédéral fut appelé à siéger au sein de cette Commission ; il s'y rendit après approbation du Comité.

Son action s'exerça surtout pour sauvegarder les droits et les libertés des ouvriers en général. C'est ainsi qu'il intervint pour empêcher que des mesures de police, que l'on considérait comme nécessaires, ne viennent profiter encore aux patrons exploiteurs. Par ses interventions et celles de ses camarades, la Commission admit et réalisa l'idée d'imposer pour les contrats d'engagement le salaire courant et normal et les conditions en usage dans la profession et la région.

Par cette Commission, nous avons obtenu la revision complète du premier contrat d'engagement des travailleurs chinois, qui seront désormais, pour un nombre limité et pour une durée déterminée, recrutés par les éléments républicains et révolutionnaires chinois.

Les camarades de ces organisations républicaines et révolutionnaires ont pris l'engagement que les ouvriers chinois recrutés par eux le seraient avec soin, que ce recrutement ne porterait que sur les élément les plus avancés et que leur but était uniquement, en même temps que d'aider aux besoins de la défense nationale de ce pays, de former des adeptes aux idées démocratiques et des agents de l'influence française en Chine.

Un autre danger de guerre menace le monde, nous dirent ces camarades, c'est le Japon ; ce danger ne peut être évité qu'à la condition que la Chine se développe socialement dans des idées de pacifisme. Nous comptons beaucoup pour cette propagande sur ceux des nôtres qui passeront en France et qui reviendront développer les idées acquises parmi nos populations.

Ajoutons, pour terminer, ce paragraphe que, par lettre du ministre du Travail, nous avons l'engagement du gouvernement « que la main-d'œuvre étrangère ne sera jamais un obstacle au travailleur retour du front pour reprendre sa place à l'usine, à l'atelier, au chantier, au bureau, à l'exploitation agricole ».

Le gouvernement a également pris l'engagement « d'employer la main-d'œuvre exotique en surnombre, à la cessation des hostilités, dans les colonies ».

Mentionnons encore que nous avons obtenu, pour la main-d'œuvre coloniale et exotique, l'institution d'écoles dans lesquelles le français serait appris à ces travailleurs.

Par nos efforts, cet appel à la main-d'œuvre peut être, si nous savons veiller, contrôler et agir, une source de développement démocratique dans le monde, un relèvement des races considérées comme inférieures.

Poursuivant la réalisation du contrôle ouvrier de la main-d'œuvre étrangère, le Comité confédéral déléguait son Secrétaire pour se rencontrer avec Vicente Bario, secrétaire de l'Union générale des Travailleurs d'Espagne, dans le but de conclure un accord entre les deux organisations centrales.

Ci-dessous, le texte de cet accord, qui complète ceux déjà pris avec les organisations italiennes et qui nous permettront, si nous savons vouloir, de ne plus être, demain, dans le domaine de l'incohérence et de l'impuissance :

La C. G. T. de France et l'Union générale des Travailleurs d'Espagne, se sont mises d'accord pour contrôler l'émigration espagnole en France.

Par l'entente entre les deux organisations centrales, l'Union générale des Travailleurs servir. d'intermédiaire pour le recrutement de la main-d'œuvre en Espagne, pour la France.

A cet effet, le gouvernement français donnera les garanties de liberté syndicale et de droit public pour les ouvriers émigrants et imposera aux patrons l'insertion dans les contrats des mêmes conditions de salaires et de travail, en usage dans les professions et les régions.

Pour le recrutement, l'Union générale des Travailleurs recevra par la C. G. T. française, les conditions d'heures de travail et de salaires par profession et par région. Elle les portera par le canal de ses organisations professionnelles et régionales, à la connaissance des ouvriers pouvant émigrer. Les organisations professionnelles et régionales espagnoles fourniront tous les renseignements et indications nécessaires à l'émigrant, pour le respect de ses droits et de ses libertés syndicales.

Elles dirigeront les émigrants sur les bureaux d'émigration, institués par l'Union générale des Travailleurs.

Deux bureaux d'émigration seront installés l'un à Saint-Sébastien, l'autre à Port-Bouc ou dans la région.

Ces deux bureaux donneront aux émigrants le lieu du siège de l'Union des Syndicats de la région française, dans laquelle se rend l'ouvrier, ainsi que le nom du secrétaire. Ces bureaux appliqueront sur la carte de l'émigrant le timbre de l'Union générale des Travailleurs. Ce timbre permettra aux organisations françaises de reconnaître l'émigrant et de lui donner aide et assistance dans tout ce qu'il pourra avoir besoin.

Les émigrants espagnols, à leur arrivée en France, se mettront en rapport avec les organisations professionnelles et régionales, appartenant à la C. G. T.

Les ouvriers émigrants espagnols jouiront du double contrôle et de la double défense des organisations ouvrières françaises et espagnoles.

Sous la double garantie des droits et des libertés syndicales et des conditions de salaires et de travail — garanties contrôlées par les organisations ouvrières — l'Union générale des Travailleurs d'Espagne pourra répondre de la valeur professionnelle et de la moralité des ouvriers. Sous cette même double garantie, le C G T. acceptera et défendra la main-d'œuvre espagnole en France.

Saint-Sébastien, le 28 octobre 1916.

Vicente BARIO.   L. JOUHAUX.

La Commission du travail du ministère des Munitions.

Dans le but d'examiner tous les problèmes posés par l'intensification de la production, une Commission fut constituée au ministère des Munitions. Appelé à y participer, le Secrétaire confédéral accepta, après décision du Comité.

Dès la première séance, le sous-secrétaire d'Etat des Munitions, Albert Thomas, déclara que le rôle qu'il attribuait à cette Commission était « de l'aider à revenir aux moyens normaux et courants et de rétablir l'équilibre des salaires ».

Par une lettre, le Secrétaire confédéral fit connaître au sous-secrétaire d'Etat aux Munitions « que le travail de la Commission ne devait pas se borner à l'examen des questions se rapportant au personnel des établissements de l'Etat, mais qu'il devait s'étendre aux ouvriers de toutes les usines travaillant actuellement pour la guerre ».

Dans sa réponse, le sous-secrétaire d'Etat répondait affirmativement sur la question posée.

Cette Commission, qui n'a tenu que quelques sessions de deux jours, s'est affirmée :

1° Sur le relèvement des bas salaires dans les arsenaux et par extension dans toutes les usines de guerre ;

2° Sur l'emploi des mutilés de la guerre, en ne leur demandant que des travaux en rapport avec leurs forces physiques et à salaire égal avec avec les ouvriers de même emploi ;

3° Sur le respect des tarifs établis et sur leur relèvement par une prime de vie chère ;

4° Sur l'installation d'habitations ouvrières, confortables et hygiéniques ;

5° Sur l'institution de restaurants ouvriers ;

6° Sur la création de services médicaux et pharmaceutiques dans toutes les usines de munitions ;

7° Sur les conditions d'emploi des femmes et des enfants dans les industries de guerre ;

8° Sur l'application des mesures d'hygiène et de garantie pour tous les travailleurs et plus spécialement pour les femmes ;

9° Sur les moyens de transport des ouvrières et ouvriers du lieu de résidence au lieu de travail ;

10° Sur l'application stricte des lois sociales dans les usines de guerre.

La Commission nationale de placement

Comme suite à l'acceptation de l'idée d'organisation du placement dans ce pays, le ministre du Travail constitua une Commission nationale de placement chargée de diriger et de coordonner l'action des offices départementaux de placement.

Dans cette Commission siègent des représentants du mouvement ouvrier, leur tâche est de sauvegarder les intérêts des travailleurs et les droits acquis des organisations ouvrières.

Cette Commission est en même temps la Commission supérieure de la main-d'œuvre étrangère et nous devons dire que le statut du règlement de cette question est, à peu de choses près, le rapport accepté à ce sujet par la C. G. T.

Là encore, si les organisations devaient se reposer entièrement sur le travail de cette Commission pour obtenir l'application et l'observation des droits acquis, il n'y aurait que moitié du travail de fait. C'est à l'énergie, à la perspicacité, à la vigilance des syndicats ouvriers qu'il appartient de passer du domaine de la théorie à celui de la réalisation pratique.

La Conférence nationale de décembre 1916

Une nouvelle conférence nationale des Fédérations, des Unions départementales et des Bourses du Travail se tint à Paris les 24 et 25 décembre 1916.

Le débat porta à nouveau sur l'attitude et l'action du Comité confédéral pendant la guerre.

Ce dernier se vit approuvé par :

Fédérations	31
Unions départementales	26
Bourses du Travail	42
Total général	99

6 Fédérations, 8 Unions, 12 Bourses ont voté contre, soit 26 organisations ; 2 Fédérations, 5 Unions, 1 Bourse se sont abstenues, soit 8 organisations : 1 Fédération, 2 Unions, 1 Bourse n'ont pas pris part au vote, soit 4 organisations.

Les rapports sur les conditions de reprise du travail, sur les salaires ont été adoptés à mains levées.

Enfin, la Conférence a adopté à l'unanimité la motion suivante :

La Conférence des Fédérations nationales corporatives, des / Unions de Syndicat, des Bourses du Travail, prenant acte de la note du président des Etats-Unis, invitant simultanément toutes les nations actuellement en guerre, à faire connaître par une déclaration publique leurs vues respectives quant aux conditions auxquelles la guerre pourrait être terminée,

Demande au gouvernement français de répondre favorablement à cette proposition.

Elle l'invite à prendre l'initiative d'une démarche identique auprès de ses alliés afin de hâter l'heure de la paix.

Elle déclare que la Fédération des Nations, qui est un des gages d'une paix définitive, ne saurait être assurée que pour l'indépendance, l'intégrité territoriale et la liberté politique et économique de toutes les nations, petites et grandes.

Les organisations représentées à la Conférence prennent l'engagement d'appuyer et de propager cette idée dans la masse des travailleurs, afin que cesse une situation d'incertitude, d'équivoque, seulement favorable à la diplomatie secrète, contre laquelle toujours la classe ouvrière s'est élevée.

Ravitaillement et production.

Au début de 1917, la circulaire suivante fut publiée à propos de l'organisation de la production agricole et de la consommation :

Le Comité confédéral, profondément ému, à la fois par l'insuffisance d'organisation pour atténuer la crise alimentaire et l'absence de moyens énergiques propres à neutraliser l'abus de la spéculation qui a causé la hausse des produits indispensables à la vie pendant la guerre, porte à la connaissance du pouvoir, du Parlement et de l'opinion publique les mesures efficaces et rapides qui, selon lui, peuvent être prises pour n'être pas acculé à une situation de tension extrême.

Il déclare qu'en recourant aux méthodes d'organisation qui n'ont cessé d'être indiquées, on peut encore prévenir un danger, qui ne peut que s'accroître dans l'état présent d'inorganisation.

La mobilisation des hommes, la réquisition des moyens de transport et de locomotion, chevaux, bétail, véhicules, ont complètement détruit la vie rurale. l'application du principe « tous aux armées » a eu dans ce pays, foncièrement agricole, comme répercussion de laisser une grande partie des terres incultes, réduisant ainsi le rendement des céréales, des fourrages, des tubercules, des racines potagères et sucrières, du vin et de l'élevage, enfin de tout ce qui est de première nécessité pour la vie humaine.

L'insuffisante récolte mondiale de blé aggrave cette situation au point d'inquiéter pour la soudure de la récolte en août prochain.

Trop compter sur l'importation, rendue de plus en plus difficile par la guerre sous-marine, est ménager au pays de grandes et dangereuses difficultés.

Quelle sera la situation l'année prochaine si rien ne vient corriger l'incurie administrative et le découragement des paysans, vieillards, femmes et enfants, abandonnant la culture d'une partie de leurs terres, parce que impuissants à tout faire ?

Retarder d'une heure les solutions à intervenir est commettre une faute grave.

Les méthodes de fortune ont fait leurs preuves, il est indispensable, vital, de recourir à des formes d'organisation plus rationnelles, plus productives.

Les grands domaines agricoles et viticoles ont eu, dans la plupart des cas, les bras les plus indispensables pour mettre les terres en rendement. Des permissions agricoles, des prisonniers, des étrangers ont permis, dans ces grands domaines, d'y faire une culture relativement importante, quoique beaucoup des gens employés aient été incompétents dans ces travaux. Mais chacun sait que la moyenne et la petite propriété, de beaucoup la plus nombreuse, est, faute de moyens mis à sa disposition, restée en grande partie inculte.

Cette situation ne peut s'éterniser, encore moins s'aggraver. Sur ce terrain, il faut surtout compter sur soi-même et prendre, en conséquence, toutes dispositions utiles.

La pénurie de matériel industriel et de munitions de guerre a été conjurée par le rappel des armées, même des unités du front, des ouvriers professionnels. Les munitions de bouche ont une importance égale pour les résultats de la guerre.

Les pouvoirs ont déjà trop tardé à prendre les mesures urgentes et impérieuses. que commande la situation.

La C. G. T. faillirait à sa mission envers les travailleurs, tous les travailleurs si, en face du danger, elle ne jetait son cri d'alarme.

Réquisitionner les terres en friche est une chose nécessaire, assurer la mise en valeur de toutes les terres en est une autre.

La petite et la moyenne culture doivent être immédiatement aidées, secourues, afin de donner le plein rendement d'une récolte dont l'urgence se fait sentir.

On doit regretter que les mesures pour les semailles de blé n'aient pas été prises, il y a un an. Aujourd'hui, les semis du printemps n'ont pas, pour l'alimentation humaine, les mêmes résultats ; l'avoine, l'orge ont d'autres utilités.

Mais il y a à utiliser les nombreuses terres délaissées, à les préparer à l'ensemencement des pommes de terre, des racines potagères et particulièrement des betteraves à sucre, que l'on pourrait cultiver dans les régions où existent des fabriques de sucre de betteraves. Il faut également préparer la terre pour les semailles d'automne, la récolte future doit être moins déficitaire que les précédentes.

Pour cette mise en culture de la plus grande quantité de terrain, il faut des professionnels de la terre, ceux-mêmes qui connaissent les lieux, la nature du sol et de son ensemencement.

Ces professionnels il faut les aller chercher où ils se trouvent, parmi les paysans mobilisés, moyens et petits propriétaires, ouvriers agricoles, fermiers et métayers.

Mettre en sursis d'appel les paysans R. A. T., même certaines classes territoriales et auxiliaires, est chose indispensable pour aboutir.

La devise doit être : « Faire rendre à la terre tout le possible ».

Les communes doivent, avec l'aide de l'Etat, organiser le travail de préparation, fournir les instruments aratoires, les moyens de locomotions etc, les engrais, les semences, surveiller les façonnages et s'organiser pour les récoltes qui doivent être communes. Les charrons, forgerons, maréchaux-ferrants devront être mis à la disposition des communes pour assurer l'entretien des outils aratoires.

Ainsi seulement, l'on pourra pousser à une production intensifiée, faite dans un but d'intérêt national et social.

Toute autre mesure, consistant à fournir pour les travaux des champs des hommes inexpérimentés, pris dans les dépôts, les sections et services auxiliaires, aurait un résultat illusoire, car, nous le répétons, ce sont des professionnels qu'il faut.

Cette organisation indispensable doit être réalisée sur l'heure, elle ne doit cependant pas exclure l'examen de l'état des ressources alimentaires. Il faut attendre les récoltes prochaines.

Pour cela, des mesures s'imposent également !

Le gâchis, le gaspillage, la trop grande prodigalité des classes fortunées doivent être réfrénés, abolis.

Le peuple ne doit pas payer de la faim, l'absence de mesures préventives élémentaires.

L'organisation de la consommation doit être réalisée, non selon les disponibilités financières de chacun, mais en tenant compte des besoins réels de chaque famille.

Il est inadmissible d'admettre que les foyers ouvriers pâtiront pendant que les foyers fortunés continueront à vivre à peu près normalement.

C'est un devoir national, de réglementer dès à présent, par des mesures appropriées, la consommation de tous, sur toute l'étendue du territoire.

Plus de laisser-faire, plus de laisser-aller, des mesures équitables ,justes et énergiques, s'appliquant à tous, quelle que soit la situation sociale occupée.

L'égalité absolue de tous devant les exigences de la situation, le sacrifice de tous à l'intérêt général.

C'est à ce prix et à ce prix seulement que nous pourrons surmonter les difficultés qui s'annoncent considérables pour un avenir rapproché.

La C. G. T., en apportant cette requête au pouvoir, au Parlement, à l'opinion publique, n'envisage qu'un mieux pour tous nos nationaux et pour nos armées des moyens qui hâteront l'heure des résultats heureux pour la paix.

LE COMITÉ CONFÉDÉRAL.

Le Comité confédéral a de plus publié la déclaration que voici :

Le Comité confédéral, devant la situation présente, déclare que seule une politique économique s'inspirant des intérêts généraux et appliquée énergiquement, est le remède au mal présent.

Politique énergique.

Plus de laisser-faire, plus de passe-droit, tous égaux devant les nécessités actuelles, telle doit être la formule du gouvernement sur le terrain du ravitaillement.

Toute autre conception aboutirait inévitablement à l'aggravation des difficultés et à nous acculer à la disette.

Ravitaillement.

Déjà nous avons dit que la production agricole était aussi nécessaire que celle des munitions ; que dans ce domaine, seuls les professionnels étaient susceptibles de faire donner à la terre son rendement maximum.

L'utilisation de toutes les capacités professionnelles, d'après la formule « chacun à sa place », — ce qui est le contraire de la mobilisation civile, — aurait été la sauvegarde de la nation, elle reste encore combinée avec une répartition égale pour tous, le salut.

Un premier point doit être immédiatement solutionné : assurer la soudure entre les deux récoltes.

Comment y arriver ?

Il n'est pas possible de compter exclusivement sur les importations, de plus en plus réduites par la guerre sous-marine.

Il convient cependant de défendre nos transports de ravitaillement, en convoyant et en armant efficacement les navires transporteurs, en assurant surtout une plus grande part d'initiative au commandement et au personnel de la marine marchande.

Mieux que quiconque, par une expérience acquise au cours de ces trois années, le personnel naviguant est apte à parer aux dangers de la guerre sous-marine.

Ceci réalisé, les importations réglementées, il faut appliquer les mesures de réquisitions aux stocks de l'intérieur, ordonner leur utilisation la plus rationnelle et établir leur répartition la plus équitable.

Il ne doit plus exister un seul grain de blé inutilisé, quand la vie de la nation est en jeu.

Le gouvernement, ayant par devers lui les moyens de recherche, a pour devoir impérieux de faire sortir tout ce qui se cache dans l'unique but de spéculation.

L'augmentation du coût de la vie doit être enrayée par la taxation générale à la base.

La régularisation des prix de vente et la répartition égale des produits nécessaires à l'existence de tous peuvent être obtenues par la diffusion du système coopératif et par l'établissement des magasins communaux.

Toutes les mesures de restriction de la consommation ne peuvent être prises qu'à la condition essentielle que la preuve soit faite de leur absolue nécessité et que la réglementation s'applique à tous.

L'ordonnancement de l'abatage du bétail, excluant l'utilisation pour le ravitaillement des bêtes trop jeunes, est de beaucoup la mesure la plus efficace pour la conservation du cheptel national.

Il serait, d'autre part, dangereux de ne pas tenir compte des besoins particuliers des centres industriels. Pour produire, l'ouvrier a besoin de se substanter normalement.

Ceci est pour le présent. Pour l'avenir, il importe de prévoir.

Production.

Il est possible d'augmenter la production en appliquant dès maintenant les mesures que la C. G. T. n'a cessé de réclamer.

Dans le domaine agricole, que l'on rende à la terre les professionnels, tous les professionnels qui, connaissant les lieux, la nature du sol et de son ensemencement, seront capables d'obtenir le meilleur rendement.

La mise en valeur de toutes les terres en friche est chose nécessaire. Pour cela, les communes doivent, dès maintenant, avec l'aide de l'Etat, organiser le travail de préparation, se prémunir des instruments aratoires, des moyens de locomotion, des engrais, des semences, développer les systèmes d'association, qui trouveront un emploi utile pour les récoltes prochaines et leur battage.

Les produits du sous-sol.

Pour le charbon, notre sous-sol peut fournir une quantité plus considérable de combustible et de minerais, à condition que :

1° La nation exploite pour elle la totalité des matières contenues dans son sous-sol ;

2° Que cette exploitation soit intensifiée par l'application de la technique moderne ;

3° Que les mines soient outillées et approvisionnées de matériaux ;

4° Que le temps de l'ouvrier soit utilisé de façon qu'il puisse donner son maximum de rendement dans le délai le plus court, par l'application des trois postes de huit heures, dont deux d'extraction et un de réparation ;

5° Que l'ouvrier ait sa place marquée dans la gérance de l'exploitation, dont il est un facteur de développement ;

6° Que les spéculateurs soient poursuivis et les profiteurs du bien national écartés.

Transports.

Il convient également de remédier au mauvais état des transports.

« Si aucun grain de blé ne doit rester inutilisé », on peut dire avec la même force qu' « aucun wagon ne doit rester inemployé ».

Qu'il y a lieu d'établir immédiatement des rapports entre les lignes principales, les lignes secondaires et les voies fluviales. Que quantité de camions automobiles pourraient être employés pour établir la jonction entre les gares de chemins de fer et les gares d'eaux.

Qu'enfin une mesure s'impose, la suppression des commissaires militaires des gares.

Que les cheminots, par l'organe de leur Fédération nationale, aient voix délibérative pour l'exploitation des réseaux comme pour l'élaboration des règlements. Ainsi d'utiles indications seront données par les intéressés sur les réparations immédiates à faire au matériel, sur la meilleure utilisation des locomotives, sur les moyens d'obtenir le plus grand rendement — sans surmenage — du personnel du service roulant ; ainsi seulement l'on pourra éviter d'être bientôt acculé à une crise de matériel et de main-d'œuvre, crise irréparable.

Marine.

Pour les transports maritimes, il ne peut y avoir qu'un seul cri : construction !

Construisons pour nos nécessités d'aujourd'hui, construisons pour notre développement de demain.

Notre marine marchande est fortement atteinte, elle est insuffisante pour assurer nos ravitaillements, elle le sera plus encore demain.

Enfin, dans ce domaine, aussi s'impose une liaison entre tous les systèmes de transports, c'est pourquoi, en présence de la crise, nous réclamons la construction de l'organisme qui pourra juger d'ensemble et conséquemment pourra faire œuvre effective.

La direction générale des transports et manutentions s'impose.

Appel aux organisations syndicales.

Le Comité confédéral, convaincu que la réalisation de ces mesures immédiates et d'avenir permettrait de solutionner les graves problèmes actuels, demande aux organisations syndicales de faire campagne en leur faveur et au parlement et au gouvernement de les examiner attentivement et surtout d'en appliquer les principes essentiels.

Le Comité confédéral déclare que, si faute d'avoir pris les mesures nécessaires le gouvernement se trouvait en face d'une situation empirée, sa responsabilité serait, quant à lui, entièrement dégagée.

LE COMITÉ CONFÉDÉRAL.

La propagande

Ne voulant à aucun prix négliger la besogne de recrutement, le Comité confédéral, dans sa séance du 25 janvier 1917, décidait que la circulaire ci-après serait envoyée aux Unions de Syndicats et aux Bourses du Travail :

CAMARADES,

Les nécessités d'une propagande de recrutement plus intense, apparaissent chaque jour plus impérieuses.

Non seulement, il convient de secouer l'apathie des Syndicats depuis trop longtemps endormis, de redonner vie à ceux disparus ; mais il faut créer de nouvelles organisations, dans les centres industriels, nés de la guerre.

Il faut toucher tous les travailleurs, hommes et femmes, afin de les organiser.

Pour cela, une action méthodique et continue doit être sur l'heure entreprise, avec le concours de tous.

C'est pour établir avec précision, les bases de cette action que nous venons vous demander de bien vouloir répondre au questionnaire suivant :

1° Quel est l'état des organisations dans votre région ;

2° Nomenclature des Syndicats ayant une vie à peu près normale ;

3° Nomenclature des Syndicats n'ayant qu'une vie réduite ;

4° Causes de la stagnation, remèdes possibles selon vous, camarades, sur lesquels nous pouvons compter ;

5° Nomenclature des Syndicats dissous, les ouvriers de ces professions ont-ils tous disparu, état moral de ceux qui restent, ressources possibles pour les réorganiser ;

6° Centres industriels nouveaux dans votre région, nombre des ouvirers y employés, état d'esprit, possibilité de propagande, camarades sur lesquels on pourrait compter ;

7° Industries en voie de reprise ou susceptibles de renaissance à bref délai ;

8° Quelles sont vos perspectives sur l'industrialisation de votre région, dans quel sens industriel, à quels lieux, vos raisons sur ces pronostics ;

9° Etat des salaires par catégories de travail et par centre, dans votre région, coût moyen de la vie ;

10° Quels sont les camarades sur lesquels nous pouvons compter pour une propagande méthodique et positive, indiquer la profession à laquelle ils appartiennent.

Sûr que vous comprendrez, camarades, l'importance des renseignements demandés, recevez notre salut fraternel et syndicaliste.

Le Secrétaire,

L. JOUHAUX.

N.-B. — Y a-t-il des chômeurs, hommes ou femmes, dans votre région, quel nombre, quelles professions ?

Complétant cette circulaire, le Comité confédéral, par l'appel ci-joint, demanda aux organisations syndicales de formuler leur avis sur les conditions générales de la Paix, afin que la C. G. T. puisse utilement orienter son action :

AUX FÉDÉRATIONS NATIONALES CORPORATIVES, AUX UNIONS DÉPARTEMENTALES DE SYNDICATS, AUX BOURSES DU TRAVAIL.

CAMARADES,

Le Comité confédéral, dans sa séance du 25 janvier dernier, a eu à examiner la nouvelle proposition de l'A. F. of Labor, tendant à ce que « tous les groupements nationaux ouvriers fussent, par une délégation officielle adjointe à la délégation nationale de chaque pays, représenté au Congrès de la Paix ».

Le Comité, tout en regrettant que l'A. F. of Labor, ait abandonné sa première proposition : « Tenue d'un Congrès international aux mêmes lieu et date que le Congrès de la Paix », a cru devoir accepter cette seconde proposition, en y mettant comme condition essentielle que les délégations ouvrières auraient préalablement au Congrès de la Paix, une Conférence internationale.

Cette procédure permettrait de réaliser, sous une forme différente la première proposition de l'A. F. of Labor. Ainsi les délégués ouvriers pourraient se mettre d'accord sur les clauses et les points généraux qu'il est indispensable de faire insérer dans le futur traité de paix, afin d'aboutir à une paix durable et d'assurer à l'Internationale ouvrière un développement continu et progressif.

A cette occasion, le Comité confédéral demande aux Fédérations, aux Unions et aux Bourses de formuler leur avis sur les conditions générales de la Paix.

Il doit apparaître nécessaire à tous que cette guerre ait comme conclusion : la création de la Fédération des Nations et l'institution de l'arbitrage obligatoire pour tous les conflits entre peuples.

Toute autre conclusion ne ferait que continuer l'état de dualité entre les nations, d'engager, par répercussion, les peuples dans la voie des sur-armements et de perpétuer les causes de guerre à travers le monde

La classe ouvrière se doit à elle-même, à sa mission, de mettre un terme à l'extension du militarisme, de barrer la route aux conflagrations et de bâtir par la libre coopération de tous les peuples, une Société humaine, ayant bannie toute idée de conquête et d'hégémonie et acquise au seul développement du progrès social.

Il est inadmissible que demain ce soit encore le régime de la force qui domine le monde.

L'Humanité doit, par la paix féconde, prétendre à une civilisation vraiment supérieure.

Pour aboutir à ce résultat hautement humain, le prolétariat doit agir. C'est pour engager cette action dont la conclusion doit être la reconnaissance, par le Congrès de la Paix, des conceptions qui sont nôtres, que nous vous demandons de nous faire connaître votre pensée, celle de vos adhérents, sur les conditions générales des rapports entre les peuples, après la tourmente actuelle.

Nous sommes assurés que vous comprendrez l'utilité de cette consultation et que vos réponses constitueront la base de notre intervention énergique, auprès des gouvernants, pour que la paix prochaine marque la fin de toutes ces guerres.

Dans cette espérance, recevez, camarade, notre salut fraternel et syndicaliste.

Pour le Comité confédéral,

LE SECRÉTAIRE,

P.-S. — Nous croyons également devoir soumettre à votre appréciation, la proposition suivante :

La C. G. T. ferait campagne pour qu'à la signature de la Paix, le gouvernement français prenne l'initiative d'une proposition d'amnistie générale internationale, en faveur de tous les condamnés politiques de la guerre.

La Révolution russe

Le Comité confédéral salua en ces termes la Révolution russe qui, en mars 1917, jeta bas le tsarisme russe :

Au Prolétariat Russe,

Le Comité confédéral, représentation de la classe ouvrière française organisée, adresse l'expression de sa sympathie fraternelle et l'hommage de son admiration au Conseil des ouvriers russes, pour la persévérance et les sacrifices consentis par le prolétariat russe, en vue de l'avènement de la Révolution, jetant bas le pouvoir autocratique et absolutiste des tsars.

Nous admirons l'audace du prolétariat russe qui, en quelques jours, a réalisé contre l'ancien régime du tsarisme la plus grande conquête de liberté pour un monde nouveau.

Nous souhaitons ardemment saluer l'avènement de la République sociale libérant politiquement et économiquement les travailleurs russes.

Avec un profond respect, nous nous inclinons devant les tombes des martyrs russes, ceux du passé qui, de leur sang, ont semé les idées révolutionnaires, patrimoine précieux, que les héroïques combattants de Mars 1917 ont recueilli pour le répandre dans tous les prolétariats.

En proclamant l'autonomie et l'indépendance des nations polonaise, arménienne et finlandaise ; en établissant pour tous les peuples de Russie, sans distinction de race et de religion, l'égalité de droits, de libertés et de devoirs ; en affirmant par la voix du citoyen Kerensky, votre seul désir d'internationalisation des détroits, rejetant tout but de conquête sur Constantinople, vous avez grandi en nous notre espoir d'une paix prochaine et définitive, basée sur le droit, sur l'institution de l'arbitrage international obligatoire et sur la disparition de tout esprit de domination.

La confiance que vous témoignez à votre Comité exécutif pour la conduite à observer à l'égard de votre gouvernement provisoire et dans la direction des affaires publiques et de la guerre, nous apparaît heureuse pour tous les peuples

Les déclarations du citoyen Tcheïdze : « Nous sommes résolus à défendre la liberté contre les atteintes réactionnaires intérieures et extérieures » sont pour nous la garantie que les résultats acquis seront conservés par la collaboration unie de tout le prolétariat russe, en vue de la continuation de l'œuvre émancipatrice en marche.

La Révolution russe, qui n'est pas à son terme définitif, doit soulever dans le peuple allemand des aspirations fécondes de liberté et de paix sans hégémonie ni conquête.

La classe ouvrière allemande doit comprendre que sont maintenant disparus les dangers slaves, tant clamés par les hobereaux prussiens pour l'entraîner dans la guerre et que la forme de son gouvernement est présentement la plus arbitraire du monde.

Les bienfaisants résultats de la Révolution russe nous font augurer la participation de tous les peuples à la constitution de la Société des Nations, ayant à sa base le droit de tous les peuples à disposer d'eux-mêmes.

Le prolétariat français est heureux de l'union des exploités russes, il les acclame, en attendant d'être réuni avec leurs mandataires dans l'Internationale rénovée.

Le Comité confédéral.

Le 1ᵉʳ Mai 1917

Un numéro spécial de la *Voix du Peuple* fut publié et le manifeste suivant adressé aux organisations :

AUX FÉDÉRATIONS NATIONALES CORPORATIVES,
AUX UNIONS DÉPARTEMENTALES DES SYNDICATS,
AUX BOURSES DU TRAVAIL,
AUX SYNDICATS,

CAMARADES,

Le 1ᵉʳ Mai 1917, sera le troisième 1ᵉʳ Mai de guerre, que les organisations ouvrières auront vécu depuis août 1914.

Quels que soient nos désirs ardents de voir, à nouveau régner la Paix féconde et bienfaisante, nous ne pourrons encore cette année, en ce jour de revendication, en fêter le retour.

L'heure de la Paix du droit, de la Paix des peuples, n'a pas encore sonné. Cependant, un événement heureux et formidable de conséquences d'avenir s'est déjà réalisé : la Révolution russe, a brisé l'odieux régime des tsars. Nos frères russes ont pu, dans cette guerre, jeter bas le gouvernement de violence et de trahison qui les opprimait et appeler à la vie libre, une démocratie de plus de 150 millions d'habitants.

En ce jour, de 1ᵉʳ Mai nous devons saluer avec joie l'avènement de la démocratie russe, qui sera demain, la République russe.

En pleine bataille, les travailleurs russes ont conquis leurs droits, notre plus ferme espoir est que le peuple allemand, instruit par l'expérience en fasse autant. Ce serait alors la fin du cauchemar et la réalisation de la Paix des Peuples donnant naissance à la Société des Nations, ainsi que le proclame la déclaration d'intervention de la démocratie américaine : « Pas de conquêtes, pas d'annexions ; une paix humaine et de justice, assurant aux peuples leur libre développement ».

Nous ne devons cependant pas borner à ces seuls espoirs, nos revendications il nous reste, à nous aussi, des droits nouveaux à conquérir. Notre tâche est de réaliser la démocratie économique, en libérant le travail de la tutelle humiliante du salariat.

Il ne peut plus y avoir, dans ce pays, de démocratie politique, d'aristocratie industrielle et financière.

Tous les hommes doivent être égaux en droits puisqu'ils le sont en devoir. Cette transformation sociale, à laquelle nous aspirons tous, il nous faut la conquérir.

Cette conquête, nous ne l'obtiendrons que de nos propres efforts. Plus que jamais, c'est dans la puissance de réalisation positive de nos organisations que réside notre avenir.

Que ce 1ᵉʳ Mai 1917 soit donc pour tous la raison d'un élan nouveau.

Que les ressentiments particuliers, que les causes de dissension disparaissent devant l'immensité de la tâche à remplir, devant l'obligation d'unité dans les revendications et dans l'action.

Que partout, dans les mesures des possibilités laissées par les circonstances présentes, nos organisations syndicales manifestent leur volonté de vivre et de se développer dans le progrès incessant.

Les questions ne manquent pas, qui appellent notre intervention agissante. C'est dans l'ordre immédiat : la cherté de la vie ; la défense des veuves et des orphelins ; la question des salaires, celle des loyers ; la lutte contre l'exploitation de l'enfance, de la femme ; l'application des mesures d'hygiène, de salubrité ; l'organisation rationnelle du travail par la nomination de délégués ouvriers ; la rééducation des mutilés de la guerre et leur emploi dans l'industrie ; l'opposition aux restrictions de nos libertés et à la mobilisation civile ; l'incorporation du principe de l'invalidité dans la loi des retraites ouvrières et l'application des lois sociales à toutes les colonies ; la liberté syndicale pour tous.

C'est pour demain : l'organisation du placement et de la main-d'œuvre étrangère, réforme déjà commencée, mais dont il nous faut demander la réalisation complète sur la base des principes que nous avons émis ; la reconstruction dans les pays envahis, en conformité avec les intérêts collectifs et non avec les seuls intérêts particuliers ; la renaissance économique basée sur les droits nouveaux acquis par la classe ouvrière, droit de gestion, droit de contrôle, droit de discussion ; l'application des méthodes de progrès à la production dans son ensemble, industrielle, agricole, en prenant pour point de départ, non pas le retour aux longues journées de travail, mais la réalisation de la journée de huit heures, par application du principe : « Maximum de production pour le minimum de présence avec le maximum de salaire » ; réorganisation de notre régime général des ports et des transports, maritimes, fluviaux et voies ferrées avec, pour objectif, l'intérêt de tous, par le contrôle de la nation ; mise en exploitation au bénéfice de la collectivité de toutes les richesses naturelles.

C'est là un vaste programme, dont certaines parties peuvent et doivent recevoir satisfaction immédiate. A nous appartient, de savoir avec conscience et de vouloir avec ténacité. Ce jour de 1er mai peut affirmer cette volonté et préparer cette action.

La classe ouvrière ne faillira pas au programme de rénovation sociale, internationale, qu'est le sien ; pour cela, elle se dressera toujours plus unie, toujours plus cohérente, toujours plus combative contre les ennemis du progrès et de la liberté.

C'est la bienfaisante et réconfortante affirmation que nous apportera ce 1er mai 1917.

Le Comité confédéral.

Les bénéfices de guerre

En juillet, le Comité confédéral, fit entendre en ces termes sa protestation contre les profiteurs de la guerre :

Le Comité confédéral tient à faire entendre sa protestation contre l'innapplication de la loi sur les bénéfices de guerre, laisser-faire, qui permet de faire passer des millions imposables, à l'augmentation du capital nominal des sociétés industrielles, à l'heure même où l'on est obligé de recourir à l'impôt de consommation, pour équilibrer le budget.

Le Comité s'élève contre l'augmentation de la prime aux raffineurs de sucre qui, portée de 12 à 16 fr. 60, apportera à ces derniers plus de 10 millions de bénéfices supplémentaires.

Le Comité s'oppose à toute concession minière nouvelle, en particulier celles des mines de sel gemme, en Meurthe-et-Moselle, considérant que cela est contraire aux engagements pris par le gouvernement, qui de ce fait, aliène au profit d'intérêts particuliers, une partie du domaine public.

Le Comité dénonce le relèvement des tarifs des chemins de fer, comme contraire aux intérêts de la collectivité et ne comportant pas la solution rationnelle de la crise générale des moyens de transports.

Le Comité confédéral déclare que la seule politique admise dans les circonstances présentes, est celle qui fera faire retour à la Nation de toutes les propriétés nationales et qui développera dans le sens de l'intérêt général et sous le contrôle de la collectivité toutes les richesses nouvelles pouvant être exploitables.

Toute autre politique ne saurait être qu'une politique d'enrichissement individuel et de renforcement des privilèges capitalistes, contre laquelle la classe ouvrière aurait le devoir de se dresser.

Le Comité Confédéral.

Contre la calomnie

A la suite d'insinuations malveillantes lancées par une presse sans honneur à l'égard de militants ouvriers, le Comité émit en novembre 1917 la protestation que voici :

Le Comité confédéral soucieux de l'honneur et de la probité du mouvement ouvrier dont il est l'expression,

Proteste contre les insinuations tendancieuses, lancées sans preuves à l'égard des militants syndicalistes.

Il dénonce comme un danger la campagne de calomnies, d'où qu'elle vienne.

Il déclare que dans cette question, il ne saurait seulement s'agir de la responsabilité des auteurs des délations, mais il s'agit essentiellement de la responsabilité gouvernementale.

Le devoir d'un gouvernement est de ne pas laisser la démoralisation se développer, de ne permettre qu'aucune accusation ne soit jetée dans la circulation, sans que les preuves irréfutables existent.

Son devoir est également de prendre à l'égard des diffamateurs toutes les sanctions que l'intérêt général de la Nation appelle.

Le pays ne peut pas vivre sous la dictature de la calomnie.

Le mouvement ouvrier ne saurait laisser se propager des erreurs monstrueuses qui permettraient demain à ses adversaires de renouveler leurs manœuvres diffamatoires en essayant de faire apparaître les revendications et l'action de la classe ouvrière comme inspirées, suscitées par l'argent étranger.

Le Comité confédéral, bien décidé à ne pas se laisser manœuvrer par ces campagnes odieuses de division, met en demeure les autorités responsables d'apporter les preuves des accusations insinuées, ou de faire justice de ces calomnies et des calomniateurs.

La classe ouvrière qui fait son devoir, tout son devoir, qui, cependant, se voit brimée dans l'exercice de ses libertés, quand les calomniateurs jouissent d'une tolérance abusive et révoltante, ne tolérera pas d'être atteinte à travers les personnalités de ses militants dans son honnêteté et dans son unité.

La Conférence nationale de Clermont-Ferrand

En septembre 1917, le Comité confédéral se prononça pour l'organisation d'une nouvelle conférence nationale. Il fit part de sa décision aux groupements ouvriers, en ces termes :

AUX ORGANISATIONS CONFÉDÉRÉES,

AUX FÉDÉRATIONS NATIONALES D'INDUSTRIE OU DE MÉTIERS,

AUX UNIONS DÉPARTEMENTALES DE SYNDICATS,

AUX BOURSES DU TRAVAIL.

———

Camarade Secrétaire,

Dans sa séance du Jeudi 30 août, le Comité confédéral a décidé le principe de la tenue d'une Conférence nationale des Fédérations, Unions et Bourses du Travail.

La date de cette Conférence sera fixée par le bureau confédéral dès que la date de la Conférence internationale de Stockholm sera définitivement arrêtée.

La Conférence nationale des Bourses, Unions et Fédérations aura à discuter et décider de l'attitude de la représentation ouvrière, dans la question de « L'Internationale et la Paix ».

A cet effet, nous croyons utile d'adresser aux organisations, pour qu'elles connaissent l'exposé de cette question et les résolutions déjà adoptées par le Comité confédéral et les deux Conférences nationales de 1915 et de 1916. (*Voix du Peuple*, décembre 1916.)

Le Comité confédéral a depuis cette époque, admis la participation à la Conférence interalliée syndicale de Londres, à la Conférence internationale syndicale de Berne et à la Conférence internationale de Stockholm.

La Conférence nationale, dont nous fixerons ultérieurement la date, se tiendrait à Paris, outre le programme ci-dessus énoncé, elle aurait également à décider d'un Manifeste du Travail devant selon nous, porter sur la politique économique générale à suivre et sur les droits nouveaux de la classe ouvrière.

Nous avons l'assurance que dès maintenant vous allez réunir vos camarades pour discuter de ces questions et que vous nous apporterez le point de vue réfléchi de votre milieu ouvrier.

Recevez, camarade, nos salutations fraternelles et syndicalistes.

<table>
<tr><td>Le Secrétaire,</td><td>Le Trésorier,</td></tr>
<tr><td>L.JOUHAUX.</td><td>A. CALVEYRACH.</td></tr>
</table>

***

La Conférence nationale de Clermont-Ferrand se tint les 23, 24 et 25 décembre 1917. Elle réunit plus de cent cinquante organisations : Fédérations, Unions départementales et Bourses du Travail. Ses débats marquèrent une fois de plus l'esprit de clairvoyance et d'adaptation rapide aux événements qui est l'apanage du mouvement ouvrier.

Les congressistes décidèrent la tenue d'un Congrès national de la C. G. T. après un référendum aux organisations syndicales.

La résolution finale fut votée à l'unanimité des délégués moins deux voix.

La résolution d'unanimité.

La Conférence confédérale, devant la situation actuelle de la guerre et le trouble des esprits causé par les campagnes d'une presse sans conscience, qui favorise les entreprises de la réaction, devant les fautes de notre diplomatie et l'absence de toute précision sur les buts de guerre poursuivis par notre gouvernement, condamne toute continuation de la diplomatie secrète, réprouve les tractations qui ont été faites à l'insu de la Nation, réclame que celle-ci ait connaissance des conditions auxquelles la paix générale, juste et durable, la seule possible, pourrait être conclue.

La Conférence rappelle les formules suivantes, qui sont celles du président Wilson et de la Révolution Russe, et qui furent toujours et sont restées celles de la classe ouvrière française :

Pas d'annexion, droit des peuples à disposer d'eux-mêmes, reconstitution dans leur indépendance et dans leur intégrité territoriale des pays actuellement occupés, réparation des dommages causés, pas de contributions de guerre, pas de guerre économique succédant aux hostilités, liberté des détroits et des mers, institution de l'arbitrage obligatoire pour régler les différends internationaux, constitution de la Société des Nations.

La Conférence, interprète des sentiments des travailleurs de ce pays donne mandat à la C. G. T. d'agir de toutes ses forces, pour obtenir du gouvernement français l'énoncé précis et public des conditions de paix. Elle demande instamment aux classes ouvrières de tous les pays en guerre d'exiger de leurs gouvernements respectifs la publication, avec les mêmes précisions, de leurs conditions de paix.

Cette action générale, déjà demandée par la Révolution russe à ses débuts, et à laquelle nous souscrivons, apparaît à l'heure actuelle comme la seule qui soit de nature à éviter toute paix séparée.

Pour ces raisons, la Conférence affirme le droit pour la classe ouvrière de tous les pays, et pour celle de France en particulier, de participer à une Conférence internationale et de la susciter au besoin.

La fraction minoritaire avait tout d'abord déposé une motion. Celle-ci fut retirée par ses auteurs lors de la nomination d'une Commission chargée d'élaborer un texte unique.

Voici, à titre documentaire, le texte de cet ordre du jour :

La Conférence donne mandat à la C. G. T. d'agir de toutes ses forces et par tous les moyens en faveur d'une paix proche et acceptable pour tous les belligérants.

Elle estime que les récentes révélations des buts de conquête indiquent à la C. G. T. le devoir de se dégager de responsabilités inacceptables en reprenant son entière personnalité, son entière indépendance.

La formule d'*Union sacrée* ne peut être qu'une dérision, puisque l'antagonisme des classes est aussi patent en temps de guerre que pendant la paix. Elle ne saurait plus longtemps suffire à justifier l'abandon par le prolétariat de sa mission et de sa liberté d'action.

La Conférence indique que la Révolution russe a soumis à tous les gouvernements des pays en guerre des propositions qu'elle approuve : paix générale sans annexion, sans contribution, droit absolu pour les peuples de disposer d'eux-mêmes. Ces offres constituent pour toutes les nations engagées dans le conflit des bases sur lesquelles les peuples doivent préconiser et au besoin imposer une politique de paix à leurs gouvernements respectifs.

Elle affirme sa profonde sympathie, son respect pour tous les révolutionnaires russes et regrette que sur les suggestions de la première Révolution comme de la deuxième, les gouvernements de l'Entente n'aient pas consenti à la révisison de buts de guerre établis dans l'ombre par la diplomatie secrète, complice du tsarisme.

Elle regrette avec la même force la hautaine attitude des ces mêmes gouvernements se concertant pour s'opposer à toutes concessions aux exigences légitimes des Soviets : opposition à Stockholm, dédaigneux refus de reconnaître les pouvoirs des divers gouvernements provisoires, qui furent des manifestations d'hostilité inspirées avec lesquelles la C. G. T. ne saurait confondre ses sentiments, ni même son action.

La Conférence, avec l'abandon de toute prétention territoriale et de domination politique, demande l'abandon de toute menace de guerre économique qui continuerait sur le terrain industriel, commercial et douanier, la rivalité armée.

La Conférence, convaincue qu'une paix d'entente et de réconciliation ne peut être que la paix des peuples par les peuples, donne mandat également au Comité confédéral de renouer les relations internationales et de susciter une réunion de la classe ouvrière mondiale, non pour établir la responsabilité historique de telle ou telle nation, mais pour travailler à l'œuvre urgente de paix et de concorde.

Les Pupilles de la Nation.

A propos de la constitution des offices départementaux des Pupilles de la Nation, le Comité confédéral crut devoir faire connaître aux organisations ouvrières la ligne de conduite qu'elles avaient à suivre. La lettre suivante, adressée en février 1918, renseigna les Unions départementales de Syndicats sur la question :

AUX UNIONS DÉPARTEMENTALES DE SYNDICATS.

CAMARADES,

Là loi instituant les Pupilles de la Nation, orphelins de la guerre, prévoit la constitution des Offices départementaux dans lesquels une représentation ouvrière est comprise.

Les listes d'inscription sont ouvertes, il conviendrait que toutes les organisations s'y fassent inscrire et que des réunions soient organisées pour que l'ensemble des syndicats de votre département se mette d'accord pour nommer leurs candidats.

Il faut éviter que les représentants ouvriers soient prix en dehors des organisations syndicales confédérées.

La question est assez importante, il s'agit de la gérance de l'éducation et de l'entretien des fils du peuple, privés de leurs pères par la guerre, pour que les organisations ouvrières fassent l'effort nécessaire afin que ce contrôle ne tombe pas entre les mains de nos adversaires.

S'il nous manquait des renseignements, vous pourriez vous adresser à la préfecture qui doit vous donner toutes indications.

Dans l'assurance que vous ferez le nécessaire, recevez, camarade, notre salut fraternel et syndicaliste.

Pour le Comité confédéral :

Le Secrétaire,

L. JOUHAUX.

Solidarité ouvrière.

Ne méconnaissant jamais les droits de la solidarité qui doit exister entre les prolétaires, le Comité, se rendant à l'invitation qui lui en était faite par la Fédération des Syndicats d'instituteurs et d'institutrices, demanda à la classe ouvrière de se solidariser avec des militants injustement frappés :

AUX FÉDÉRATIONS NATIONALES,
AUX UNIONS DE SYNDICATS,
AUX BOURSES DU TRAVAIL.

CAMARADE,

Nous vous transmettons un appel de la Fédération des Syndicats d'institutrices et d'instituteurs.

Il s'agit de la manifestation de la solidarité ouvrière, prouvant que dans les circonstances présentes, malgré les divergences d'opinion qui peuvent exister, la classe ouvrière entend défendre les libertés syndicales acquises.

Sûr que vous répondrez à cet appel, recevez, camarade, notre salut fraternel et syndicaliste.

Le Secrétaire,

L. JOUHAUX.

N.-B. — Adresser également un exemplaire de l'ordre du jour au Bureau confédéral, 33, rue de la Grange-aux-Belles, Paris (Xe).

L'ordre du jour de la Fédération Nationale des Syndicats d'Instituteurs.

A LA CONFÉDÉRATION GÉNÉRALE DU TRAVAIL.

Une fois de plus, la Fédération des Syndicats d'instituteurs a l'honneur d'attirer l'attention du gouvernement et de subir ses persécutions politico-judiciaires.

Nos militants sont menacés, tracassés, poursuivis par l'administration, la police et la justice, déplacés, suspendus, révoqués et emprisonnés. Encore cela ne suffit pas ; ils sont aussi l'objet d'attaques venimeuses de la part de la grande presse alors qu'il est rigoureusement interdit à la presse d'idées de les défendre.

De ces heures difficiles, nous venons demander à la C. G. T. son appui et prier le Comité confédéral de transmettre notre appel aux Fédérations de métier, aux Bourses du Travail et aux Unions départementales, pour que ces organisations en saisissent elles-mêmes leurs syndicats adhérents.

Ce n'est pas seulement notre petite Fédération que le gouvernement entend brimer et briser, c'est l'école laïque, c'est la classe ouvrière tout entière, c'est l'idée républicaine elle-même qu'il veut atteindre. Nous résistons jusqu'au bout et nous espérons que le prolétariat organisé se fera une obligation de résister avec nous.

C'est de tout notre cœur que nous avons adhéré à la C. G. T. pour sauvegarder le principe de l'unité ouvrière, indispensable à notre émancipation. La bourgeoisie, au contraire, prétend conserver la haute main sur l'école primaire qui a toujours été et est encore dans une trop large mesure, une machine à fabriquer des admirateurs du régime capitaliste. Les travailleurs de l'État en général, les instituteurs en particulier, doivent donc trouver place dans les rangs de l'armée prolétarienne. Ce gouvernement a mis une obstination remarquable à nous diviser, contestant à ses fonctionnaires les droits qu'il prétend faire respecter des autres patrons. Notre ténacité a eu raison de la sienne et si nos syndicats sont encore peu nombreux, le principe est admis et ne saurait être remis en question.

Aujourd'hui que nos effectifs sont encore réduits par la mobilisation qui a causé la mort de tant des nôtres, le pouvoir veut en profiter pour nous casser les reins. Nous sommes persuadés qu'il ne réussira pas et nous venons vous crier : à l'aide !

La Fédération nationale des Syndicats d'institutrices et d'instituteurs de France et des colonies.

P.-S. — Nous remercions vivement les groupements qui, spontanément, ont déjà accompli un geste de solidarité.

Envoyer les ordres du jour à Loriot, secrétaire fédéral intérimaire, 9, Avenue du Pont-de-Flandre, Paris (XIXe) et à M. le président du conseil des Ministres (franchise postale pour ce dernier).

Précédemment, à propos d'incidents assez graves, le Comité confédéral avait affirmé en ces termes son indéfectible attachement à la cause de la liberté individuelle :

Décembre 1917.

Le Comité confédéral, au nom de la liberté de pensée, n'a cessé de protester contre les poursuites intentées pour délits d'opinion à des militants syndicalistes ou socialistes.

Aujourd'hui, d'autres militants ouvriers, parmi lesquels Hélène Brion, secrétaire de la Fédération des instituteurs et institutrices, sont arrêtés, emprisonnés.

Sans attendre les résultats de l'instruction, au mépris de la loi qui veut que tout accusé soit considéré comme innocent jusqu'à ce que la preuve de sa culpabilité soit faite, la presse d'affaires sur laquelle pèsent de si graves présomptions de vénalité, a commencé et continue une campagne de mensonges et de calomnies.

En cherchant perfidement à égarer l'opinion publique et à peser sur la décision des juges, les auteurs de ces campagnes visent à masquer leur responsabilité dans la situation actuelle.

Les journaux le *Matin* et le *Petit Parisien*, qui se sont placés au premier rang dans la diffamation, n'ont pu entreprendre et poursuivre leur œuvre que grâce à des complaisances coupables sur lesquelles la lumière doit être faite et des sanctions prises.

Considérant :

Qu'aux termes de la loi du 27 avril 1916, la justice militaire est incompétente pour connaître les infractions à la loi du 5 août 1914 — tous les délits d'opinion sont de la compétence des tribunaux ordinaires.

Le Comité confédéral proteste contre ces arrestations, contre la transmission des dossiers d'instruction à la justice militaire ; il flétrit comme il convient l'odieuse campagne de presse qui tend à représenter des inculpés pour propagande pacifiste, comme des criminels propagateurs défaitistes.

Il engage toutes les organisations confédérées à affirmer leur solidarité et à protester pour faire connaître la vérité au pays.

Le Comité confédéral proteste également contre les mesures arbitraires qui, à l'occasion de l'exercice de leur mandat, frappent des militants des organisations syndicales et des délégués ouvriers, comme ce fut le cas, tout récemment, du camarade Andrieu, secrétaire du Syndicat des Métallurgistes de Firminy.

Le Comité confédéral considère qu'une telle situation ne peut se prolonger. Il dénonce ces violences qui appellent et légitiment les mouvements de solidarité dans lesquels n'entre nul désir égoïste. Une telle attitude est susceptible de créer dans la classe ouvrière une désaffection dangereuse pour l'intérêt général du pays qui se confond avec l'intérêt supérieur de l'Humanité.

Le Comité confédéral.

Entre temps, le comité à propos de l'application prochaine de la carte de pain, avait fait entendre la protestation ci-dessous :

Le Comité confédéral proteste contre l'établissement de la carte de pain limitée à certains centres et contre la fixation purement arbitraire de la ration de pain affectée aux ouvriers.

Considérant que le pain est à la base de l'alimentation ouvrière et que 300 grammes par jour, sont manifestement inférieurs à ce qui est nécessaire, demande que soit augmentée cette ration insuffisante.

Réclame que l'on mette à la disposition de la population ouvrière des denrées de remplacement à des prix inférieurs, telles que : pommes de terre et légumes secs.

Emet l'avis, qu'indifférent au principe de la liberté de commerce, le gouvernement prenne toutes mesures pour éviter la hausse probable des autres denrées alimentaires.

Le Comité confédéral.

La préparation du Congrès confédéral

Se conformant au désir exprimé par la Conférence nationale de Clermont-Ferrand, le bureau de la C. G. T. prit les dispositions utiles pour préparer le Congrès confédéral.

La circulaire suivante fut adressée par ses soins aux organisations ouvrières françaises :

AUX ORGANISATIONS SYNDICALES.

Février 1918.

Camarades,

En application de la décision prise par la Conférence nationale de Clermont-Ferrand, concernant la tenue d'un Congrès national, le Comité confédéral, par le canal de vos Fédérations respectives, vient vous demander de formuler votre avis sur les questions suivantes :

1° Votre Syndicat est-il à même de se faire représenter directement à un Congrès national ?

2° Votre Syndicat est-il d'avis de tenir ce Congrès ?

En décidant de poser ces questions directement aux Syndicats, la Conférence nationale de Clermont-Ferrand a voulu que l'organisation du Congrès confédéral soit le fait de la volonté des Syndicats confédérés, étant entendu que par avance, dans la mesure du possible, le Congrès national sera précédé des Congrès nationaux corporatifs.

Par cette consultation, la C. G. T. connaîtra si le Congrès à organiser représentera exactement toutes les forces syndicales groupées par notre C. G.T .

Le Comité confédéral espère que, comprenant l'importance des questions posées, chaque syndicat les examinera en toute conscience et nous fera parvenir un avis dûment motivé.

Recevez, camarade, nos saluts fraternels et syndicalistes.

Le Secrétaire du Comité confédéral,

L. JOUHAUX.

Puis, le Comité confédéral ayant choisi la ville de Limoges, comme lieu d'assises nationales du syndicalisme la nouvelle lettre suivante vint fixer les organisations sur la date du Congrès et son ordre du jour :

AUX FÉDÉRATIONS NATIONALES D'INDUSTRIE
ET DE MÉTIER,
AUX UNIONS DÉPARTEMENTALES,
AUX BOURSES DU TRAVAIL,
AUX SYNDICATS,

CAMARADES,

Le Congrès confédéral national est définitivement fixé, par décision du Comité confédéral du 16 mai, aux 15, 16, 17 et 18 juillet prochain. Le lieu choisi est la ville de Limoges (Haute-Vienne). La situation centrale de cette ville, les facilités d'accès, les possibilités de logements pour les délégués, sont autant de raisons qui motivèrent la décision du Comité confédéral.

Le Congrès aura lieu dans la grande salle de la Coopérative, dont la superficie permet un aménagement facile, pour les travaux de nos assises nationales.

D'ores et déjà, les syndicats sont invités à prendre des mesures pour se faire représenter directement afin que ce Congrès soit bien la représentation des organisations syndicales.

Comme à tous les Congrès nationaux, seuls les Syndicats auront voix délibérative.

L'ordre du jour a été fixé par le Comité confédéral, quoique les statuts précisent que cela doive se faire par referendum auprès des Syndicats, en raison de la situation et de la nécessité d'aller vite.

Par la nature des questions portées à l'ordre du jour, les camarades se rendront compte que toutes les questions qui passionnent les organisations ouvrières, seront discutées.

Questions à l'ordre du jour.

1º Attitude et action de la C. G. T. et du Comité confédéral au cours des années passées ;

2º La Conférence internationale ;

3º Questions économiques, réorganisation du travail. Bases et principes généraux. revendications ouvrières.

Nous demandons aux Syndicats de nous adresser leur mandat, portant les timbres exigés, Fédération, Union départementale et signature du Secrétaire de l'organisation.

Dans l'attente de votre réponse, recevez, camarade, notre salut fraternel et syndicaliste.

Pour le Comité confédéral :

Le Bureau,

LE SECRÉTAIRE,   LE TRÉSORIER.

P.-S. — Adresser les mandats au siège de la C. G. T., pour le 10 juillet, dernier délai, à Calveyrach, trésorier, 33, rue de la Grange-aux-Belles, Paris (Xe) ; afin que la vérification puisse en être effectuée avant l'ouverture du Congrès.

Le droit d'adhésion des syndicats reste fixé, comme antérieurement, à 5 francs.

Le 1ᵉʳ Mai 1918

A l'occasion du 4ᵉ premier mai de guerre, un numéro spécial de la *Voix du Peuple*, apporta aux organisateurs et aux militants les preuves de la continuité de l'action du Comité confédéral.

Celui-ci lança de plus l'appel suivant :

LA C. G. T.
AUX TRAVAILLEURS DE FRANCE !

CAMARADES,

A la veille du 1ᵉʳ Mai, les événements qui présentement se déroulent, font que nous connaissons une fois de plus les affres d'une situation, au milieu de laquelle se joue l'avenir des démocraties.

Cette situation angoissante, le prolétariat organisé, mieux que tout autre, en mesure la gravité.

Aussi, la C. G. T. ne pourra-t-elle pas, cette année encore, organiser la manifestation du 1ᵉʳ Mai, comme elle avait l'habitude de le faire en période de paix.

La C. G. T. ne conviera donc pas les travailleurs au chômage traditionnel qui, en d'autres temps, signifiait dans le geste solennel d'arrêt du travail, la volonté des prolétaires de réaliser pleinement les conditions d'une vie meilleure.

A l'heure présente, la première condition d'une vie meilleure, c'est que la paix puisse être rétablie. Que cette paix fasse que dans l'avenir, tous les peuples égaux et libres puissent se remettre à l'œuvre de civilisation ébauchée, et que soient à jamais vaincues les forces mauvaises déchaînées.

Pour obtenir cette paix, la coopération de tous les peuples au sein de l'Internationale, à nouveau réunie, est nécessaire.

C'est l'affirmation faite par la C. G. T., le 25 décembre 1917, en sa Conférence de Clermont-Ferrand. C'est cette affirmation qui se trouve confirmée par le mémorandum, issu de la Conférence interalliée de Londres, à laquelle participèrent les représentants des classes ouvrières des pays de l'Entente.

La volonté des travailleurs est que, pour cette œuvre de paix, les forces d'action ouvrière internationale soient enfin utilisées.

La réalisation de cette volonté est fonction du contrôle vigilant que le prolétariat doit exercer sur la chose publique, s'il veut que l'esprit de routine et de réaction ne se substitue pas à l'esprit d'audace, de justice et de liberté.

Dans ce but, la C. G. T. indique aux organisations ouvrières se trouvant en possibilité de tenir, à l'occasion de ce 1ᵉʳ Mai, des réunions, d'organiser celles-ci en leur conservant un caractère strictement syndical. Au cours de ces réunions, seront diffusés et commentés la résolution de Clermont-Ferrand et le mémorandum de Londres.

La C. G. T. soucieuse de tenir un compte exact des obligations créées par la situation du moment, n'entend pas, cependant aliéner sa liberté d'action.

Le salut de la Nation, l'avènement de la Paix des Peuples, sans annexion, ni indemnités pénales, tel que l'a définie le président Wilson en un noble langage, en dépendent.

TRAVAILLEURS,

Vous devez vous préparer à affirmer, quand l'heure en sera venue, par une manifestation générale et unanime, votre volonté de voir les gouvernants s'engager dans cette voie de la Paix, juste et durable.

Cette manifestation, dont le moment et les modalités seront portés à la connaissance des organisations ouvrières, devra revêtir le caractère grandiose, digne de la cause qu'elle défendra.

CAMARADES,

Pour ces fins, vous devez vous tenir prêts.
La C. G. T. compte sur vous.

LE COMITÉ CONFÉDÉRAL.

La C. G. T. et la situation présente

Des mouvements de grèves ayant éclaté dans les usines de munitions de la région parisienne, la C. G. T. intervint sur appel des organisations ouvrières.

D'accord avec les Fédérations interressées, elle accomplit toutes les démarches nécessaires, pour donner à ce conflit, commencé en dehors des Syndicats et des Fédérations, une solution honorable et pour réclamer que la situation ne soit pas aggravée par des mesures de sanction.

Pour rétablir la vérité, dans une opinion publique égarée, par des récits tendancieux et mensongers et aussi pour fixer son attitude, le Comité confédéral lança la proclamation suivante :

La C. G. T. devant la situation ouvrière.
La leçon des faits.

Les récents mouvements ouvriers qui viennent de se dérouler furent l'explosion d'un état d'esprit général, dont il serait dangereux de ne pas tenir un compte exact.

Depuis quatre années de guerre, les arbitraires, les exactions n'ont cessé de frapper les ouvriers des usines de guerre et ont ajouté aux difficultés, sans cesse croissantes de la vie, au manque de compréhension patronale, toujours figée dans son principe d'autorité et aux relèves faites trop souvent dans la confusion et en dehors des règles du droit.

Maintenant que l'effervescence est apaisée, il nous sera permis de dire que la responsabilité de ces mouvements est aussi dans les fautes lourdes, diplomatiques, politiques et militaires qui se succèdent depuis le début des hostilités.

La C. G. T. s'est fait un devoir de rappeler, à tous moments de la guerre, la nécessité pour les gouvernements de rester en contact avec les masses populaires et d'éclairer le jugement de celles-ci, par une diplomatie au grand jour, rejetant loin d'elle toutes tractations obscures d'ambition et de convoitise.

Elle a indiqué que la vie publique ne devait pas être ralentie mais, au contraire accentuée par la connaissance exacte et précise de la vérité sur la marche des événements.

Elle a réclamé une politique de ravitaillement, basée, non sur les restrictions, mais sur l'utilisation rationnelle de toutes les ressources, des transports et sur l'augmentation de la production agricole.

Elle a protesté contre les profits scandaleux que les fournisseurs tiraient des nécessités de la Défense nationale.

Elle a enfin réclamé que toutes les forces morales soient mises en œuvre pour concourir avec les forces militaires à l'avènement rapide de la Paix des Peuples, telle que l'a défini le président Wilson.

Pour cela, elle a demandé que le gouvernement fasse publiquement connaître ses buts de guerre et qu'il permette aux représentants des classes ouvrières d'aller au sein des Conférences internationales pour y réaliser l'accord nécessaire à la Paix juste, et durable, sur les bases déjà définies par les Conférences ouvrières nationales et interalliées.

A ces questions, à ces demandes réitérées, la défiance envers la classe ouvrière incita soit au refus, soit au silence.

Cette incompréhension de la volonté et des sentiments de la classe ouvrière, qui sont ceux du pays, fut cause du malaise et des soupçons qui s'établirent et qui ne firent que grandir à la faveur de l'ignorance des masses populaires sur les événements auxquels leur destinée était liée et dont, par surcroît, le jugement fut faussé par la Presse.

Les incidents qui éclatèrent ces jours derniers furent une première conséquence de ce malaise général et profond.

Ces causes subsistent et nous déclarons que ce n'est pas une politique de répression, plus ou moins ouverte, qui pourra être l'obstacle à de nouvelles perturbations que nous pressentons et dont la gravité serait peut-être plus irréparable.

Seule, une politique d'apaisement, de confiance et de loyauté, peut prévenir ces éventualités et prédisposer les esprits aux besognes de réorganisation et de progrès social.

Le gouvernement ferait œuvre imprévoyante et impolitique si, dans un esprit de rancune, par des manœuvres répressives, il créait ainsi la fausse impression que la Défense nationale est, pour la classe ouvrière, incompatible avec ses droits, ses sentiments de dignité et son devoir de solidarité.

Ces principes de droit et de liberté, la C. G. T., loin de les abdiquer, les a proclamés plus indispensables que jamais.-Sur eux, elle a basé sa règle de conduite, par eux, doit être déterminée la discipline syndicale, en dehors de laquelle il n'est ni puissance d'expression, ni puissance de réalisation.

Tenir compte de la dignité des travailleurs ; accorder à la classe ouvrière les libertés de pensée et d'action indispensables à sa mission ; bannir toutes pratiques occultes ; agir sincèrement et laisser agir les forces ouvrières organisées pour l'avènement de la Paix des Peuples, apparaît dans les circonstances présentes la ligne de conduite que doit observer tout gouvernement soucieux des intérêts généraux du pays.

Le Comité confédéral.

La délégation confédérale devant les parlementaires de gauche

Poursuivant son action en faveur des camarades, frappés à l'occasion des grèves, le Comité confédéral décida l'envoi d'une délégation auprès des parlementaires des groupes de gauche, dans le but de les entretenir de la situation créée et aussi pour préciser l'attitude de la C. G. T., eu égard aux événements présents.

A l'entrevue qui eut lieu, deux déclarations furent faites, dont nous donnons ci-dessous les textes :

Discours de Jouhaux.

Messieurs,

C'est sans aucune préoccupation politique que nous nous adressons à vous. Nous avons pensé que dans les circonstances actuelles, il convenait de montrer, par un acte, que nous considérions que la représentation nationale devait continuer d'exercer son contrôle, toujours plus vigilant, sur la marche des événements et apporter ainsi au pays le concours nécessaire pour sauvegarder à la fois le présent et l'avenir.

Nous venons ici, en toute sincérité et en dehors de toute passion, vous parler de la situation générale eu égard à la situation particulière de la classe ouvrière et aux pensées qui animent le monde du travail.

Nous ne vous apprendrons rien en vous disant qu'un malaise grave persiste dans nos milieux ouvriers ; ce malaise grave, né de malentendus, pourrait, s'il se continuait, être un danger assez grand pour les heures critiques que ce pays peut être appelé à traverser.

Depuis quatre années, la classe ouvrière, avec la Nation, vit dans l'ignorance des événements militaires et diplomatiques qui se déroulent et auxquels est liée l'existence même du pays.

Jamais, malgré nos demandes réitérées, malgré les multiples suggestions que nous avons adressées aux pouvoirs, nous n'avons pu obtenir les éclaircissements qui nous étaient indispensables pour établir la vérité aux yeux des masses. C'est parce que nous sentions le danger croissant de ce malaise que nous sommes intervenus et c'est aussi la raison pour laquelle nous intervenons à l'heure présente.

Nous considérons que les moments difficiles que nous traversons et que nous serons appelés à traverser, appellent une politique de loyauté, de confiance à l'égard de la classe ouvrière et condamnent toute politique de répression qui ne ferait, en avivant les ressentiments et les rancœurs, qu'augmenter les malentendus et rendre plus redoutable le malaise déjà existant.

Nous voudrions que vous compreniez la nécessité de revenir sur des sanctions prises à l'égard de travailleurs qui n'ont commis d'autre faute que celle d'user du droit légal de grève. Nous voudrions aussi que les arrestations qui se sont produites à la suite de manifestations, que le gouvernement a autorisées, soient rapportées.

Ces grèves et manifestations ont pour point de départ l'ignorance de la situation dans laquelle nous nous trouvons et des conséquences qui peuvent en découler, à la fois pour la classe ouvrière et pour la nation tout entière ; on ne peut pas dire qu'elles furent déterminées par le désir de porter entrave à la Défense nationale, encore moins a-t-on le droit de laisser circuler le bruit qu'elles furent le fait « de complicité avec des agents de l'ennemi ».

Ce serait une mesure hautement politique qui pourrait apporter un adoucissement et clarifier la situation, que celle qui consisterait à passer l'éponge sur ces faits et à donner ainsi à la classe ouvrière, une preuve éclatante de la confiance que l'on met en elle.

Il est une chose qu'il faut à tout prix éviter : c'est de donner la fausse impression que la Défense nationale est, pour la classe ouvrière, incompatible avec ses sentiments de dignité, de solidarité, avec ses droits et ses libertés.

C'est pourquoi nous nous appesantissons un peu sur les faits que nous venons de vous exposer et sur les considérations qui en découlent.

La classe ouvrière, qui a toujours vu l'exercice de ses libertés entravé, qui n'a obtenu, aux suggestions et aux revendications formulées que refus dédaigneux ou silence méprisant, réclame aujourd'hui qu'on lui fasse la place qu'elle doit occuper, pour qu'elle puisse, en toute liberté, réaliser la mission qui lui échoit.

Nous pensons que le gouvernement ne diminuerait en rien la Défense nationale si, répondant aux désirs formulés à plusieurs reprises par les organisations ouvrières il apportait, publiquement, les précisions qui sont indispensables à la formule trop générale : « Nous voulons une paix juste et durable ».

En proclamant ce que la Paix doit apporter à tous les peuples, belligérants ou neutres, c'est-à-dire la liberté, l'indépendance, la disparition de tous les militarismes, de tous les impérialismes par la constitution de la Société des Nations, c'est une grande œuvre politique, d'une portée morale incomparable, qu'accomplirait le gouvernement de ce pays et qui, en même temps qu'elle resserrerait les liens nationaux, favoriserait l'éclosion des sentiments populaires à travers tous les pays et hâterait, par conséquent, l'heure de la paix des peuples.

Ce que nous demandons, c'est qu'il soit pratiqué une diplomatie de grand jour, diplomatie populaire, basée sur les volontés des peuples et non sur les prétentions de quelques personnalités.

Nous ne voulons pas que demain puisse se reproduire des faits comme ceux dont nous avons eu connaissance et qui feraient que les destinées de notre pays pourraient être livrées aux tractations plus ou moins claires de quelques personnalités.

La classe ouvrière veut pouvoir juger l'heure de la Paix en connaissance de cause. Elle ne veut pas non plus que des propositions de paix, d'où qu'elles viennent, soient rejetées sans discussion, sans que la Nation, sans que le Parlement en aient connaissance.

Faire remonter à un seul homme fut-il le chef du gouvernement, toutes les responsabilités, toutes les possibilités de décision, nous apparaît comme contraire aux principes démocratiques et, sans demander que les pourparlers de paix se débattent sur la pace publique, nous voulons néanmoins les connaître, pour pouvoir dire notre mot et ne pas laisser passer l'heure de la Paix honorable et durable, si elle se présentait.

Il nous semble que l'heure est venue de reconnaître sincèrement à la classe ouvrière, le droit de dire son mot sur les affaires publiques, par la voix autorisée de son organisation syndicale, seule qualifiée pour défendre ses intérêts moraux et matériels, qui s'identifient avec ceux de la nation tout entière.

En réclamant la pleine liberté d'exercice pour notre action, nous répondons à un besoin des circonstances qui montre qu'en dehors des rapports organisés en dehors de l'intervention des organisations syndicales, il ne peut y avoir que gâchis et incohérence. Les organisations ouvrières doivent, dans le présent, se voir reconnaître leur droit de contrôle et de gestion, si on veut assurer la stabilité dans la production et préparer l'organisation rationnelle et démocratique du domaine industriel de l'avenir.

C'est un fait qui saute aux yeux des moins avertis, que l'inorganisation actuelle du marché du travail, l'incohérence dans laquelle se plaisent les patrons, toujours figés dans leurs principes d'autorité, portent des préjudices considérables, à la fois aux intérêts particuliers des travailleurs et à l'intérêt supérieur du pays.

Il convient donc d'y remédier, en faisant au travail la place qui lui revient.

D'autre part, on a, un jour, à la tribune de la Chambre, dit très justement, que la Paix serait la conséquence des interventions et des discussions de toutes les forces sociales organisées internationalement, qui, en déblayant le terrain, diminueraient la complexité des problèmes posés, et rendraient plus faciles et plus claires les bases de la paix générale.

Cela est absolument vrai, et c'est au nom de cette raison, que nous revendiquons pour nous classe ouvrière, le droit d'agir internationalement et de préparer par des accords avec les représentants des prolétariats de tous les pays, les bases générales sur lesquelles, malgré la volonté des gouvernements autocratiques, la Paix doit être conclue.

Ce droit qui a été accordé à d'autres éléments sociaux de notre nation, nous voulons également en jouir. Nous ne protestons pas contre la liberté laissée à d'autres, nous la reconnaissons utile, mais nous considérons également que cette utilité, si elle est manifeste pour d'autres, doit l'être également pour nous, et, qu'il y a lieu de nous accorder toute possibilité de pouvoir accomplir notre mission internationale par notre participation directe aux Conférences ou Congrès internationaux qui peuvent se tenir.

Nous résumons notre pensée en disant que dans les circonstances actuelles il convient d'abord de pratiquer une politique de confiance, de rejeter toute idée de répression, de rapporter les sanctions prises à l'égard de nos camarades frappés à la suite des mouvements derniers, de revenir sur les arrestations qui nous apparaissent injustifiées et d'accorder à la classe ouvrière toute liberté d'action pour que, nationalement et internationalement, elle puisse pleinement accomplir la mission qui lui est dévolue.

Si ces libertés nous sont accordées, si, d'autre part, le gouvernement de ce pays parle franchement et publiquement sur les buts de guerre et les conditions générales de la paix, s'il ne laisse passer aucune occasion de discuter toutes propositions de paix, d'où qu'elles viennent, nous avons l'assurance que la situation internationale sera clarifiée et que l'heure de la paix, telle que nous l'avons définie par nos résolutions nationales de Clermont-Ferrand et interalliée de Londres, en accord avec les principes stipulés par le président Wilson, sera rapprochée.

C'est dans cet esprit que nous sommes venus, c'est pour ces buts que nous vous avons parlé, certains d'être compris, car il ne peut faire de doute pour personne, que les intérêts de la classe ouvrière ne sauraient être séparés de ceux de la Nation tout entière.

Discours de Merrheim.

MESSIEURS,

On me demande d'exposer les raisons qui ont provoqué les récentes grèves dans la région parisienne.

On a dit que l'application de la loi Mourier était la seule, sinon la principale cause de ces mouvements.

En réalité, comme je l'ai déclaré à M. le président du Conseil, la relève n'a été que la cause déterminante du mouvement, parce que d'autres préoccupations dominaient depuis longtemps la pensée des ouvriers.

En effet, quand a été votée la loi Mourier, on a fait appel à la Fédération des Métaux. Il s'agissait d'appliquer la loi. Dès cette époque, comme nous l'avions d'ailleurs toujours déclaré, nous disions que le fait d'être métallurgiste ne constituait pas un privilège, un droit pour ces ouvriers de ne pas aller dans les tranchées. Ce n'est pas la classe ouvrière qui a créé cette situation. Nous ne sommes pas responsables si, contrairement aux guerres anciennes, les nécessités de cette terrible guerre font qu'il doit obligatoirement y avoir deux armées : une armée industrielle dans les usines ; une armée dans les tranchées, alimentée pour les combats par celle des usines. Aussi ,tout ce que nous demandions, tout ce que nous avons demandé, c'est que la loi Mourier soit appliquée avec justice et équité.

Comment concevions-nous cette justice et cette équité ?

Nous la concevions par la relève, classe par classe, de tous les ouvriers sans exception, quelle que soit leur profession ou leur qualité, en commençant par les plus jeunes classes. Et si nous demandions cela, c'est parce que nous savions par expérience que les patrons en profiteraient pour faire relever ceux qui, dans les ateliers et les usines, manifestaient plus énergiquement que les autres leur volonté d'obtenir un salaire raisonnable et imposent le respect de leur dignité.

En fait, il y eut un commencement d'application de la loi Mourier. Dans ce sens, le ministère de l'Armement fit relever dans les usines les classes 13 et 14. Il mettait ainsi à la disposition du G. Q. G. 4,600 hommes environ, représentant la totalité de ces deux classes. On devait les remplacer dans les usines par des hommes des vieilles classes et procéder à d'autres relèves au fur et à mesure que ce placement s'effectuerait. Non seulement on ne l'a pas fait, mais brusquement, les nécessités militaires y obligeant le gouvernement, on décide de procéder à la relève de trois classes : les classes 12, 11 et 10, et on commence l'application de la loi Mourier pour les classes 1909 à 1903 inclus.

C'est ici que j'estime que les industriels eurent une grande part de responsabilité dans les mouvements de la Seine. Dès qu'ils eurent connaissance que la relève des jeunes classes allait s'opérer, des noms de ceux qui allaient être relevés, ils en avisèrent les intéressés de leurs propres usines. Ces derniers protestèrent. Ils vinrent à la Fédération des Métaux demander qu'un mouvement ait lieu pour empêcher le départ des jeunes classes. Nous leur avons répondu que jamais les organisations ne prendraient la responsabilité d'un mouvement pour empêcher la relève des jeunes classes. Que nous considérions, comme je l'ai dit tout à l'heure, que le fait d'être métallurgiste ne constituait pas un privilège pour ne pas aller au front et que nous avions dans les tranchées de nombreux camarades appartenant à de vieilles classes, métallurgistes également, qui ne comprendraient pas que les organisations s'opposent au départ des jeunes classes, quand eux étaient depuis trois et quatre ans dans les tranchées.

Pourquoi la protestation de ces jeunes gens trouva-t-elle un écho aussi profond parmi les masses ouvrières et fit que dans la région parisienne, à un certain moment, le mercredi et le jeudi, il y eut plus de 180,000 ouvriers métallurgistes en grève ?

C'est que, Messieurs, — je répéterai ici ce que j'ai dit à M. le Président du Conseil, quand les grévistes m'envoyèrent auprès de lui en délégation, — les ouvriers disent couramment :

« Quand l'armée italienne bat en retraite, c'est nous qui allons renforcer cette armée.

« Quand il y a défaillance dans l'armée anglaise, c'est nous qui allons prendre la place des Anglais.

« Quand il y a besoin de troupes à Salonique, c'est nous qui allons à Salonique. Encore nous, toujours nous, partout nous. Nous voulons savoir enfin pourquoi on exige de nous tant de sacrifices et pourquoi nous nous battons. »

D'autre part, la main-d'œuvre américaine les inquiète depuis longtemps. Certes, Messieurs, les ouvriers ne craignent pas d'être remplacés dans les usines par des ouvriers américains. Mais ils constatent quotidiennement que l'on a amené des professionnels américains dans les usines françaises. Ces derniers se sont mis au courant de certaines fabrications et ils sont retournés en Amérique. Les ouvriers ont alors constaté que l'on a envoyé là-bas, en Amérique, des plans et modèles pour produire, usiner ce qui se fabriquait auparavant en France dans leurs usines.

Ils constatent également que l'on construit en France des usines américaines qui fonctionneront avec un personnel américain. Alors nos camarades pensent et ils se disent :

« C'est nous que l'on saignera jusqu'au bout. C'est nous que l'on prendra pour remplacer les effectifs nécessaires sur le front. »

C'est pour cette raison aussi qu'ils demandent et veulent savoir ce que comptent faire les gouvernants pour la Paix.

Enfin, et permettez-moi de vous le dire sans s'immiscer aucunement dans les questions politiques, on a publié une lettre de l'empereur d'Autriche, puis on a clôt le débat sans donner aucune explication.

Les ouvriers alors se sont dit :

« Mais si on refuse de nous faire connaître les propositions faites, si on a craint de les discuter publiquement, c'est que peut-être il y avait à ce moment-là possibilité de faire la Paix. »

Cette pensée les hante et tout naturellement, ils disent et répètent :

« Nous voulons savoir. Nous voulons connaître comment les gouvernants comptent faire une action en faveur de la paix et s'ils pensent la réaliser bientôt.

Voilà, Messieurs, les principales préoccupations qui agitaient les masses ouvrières et qui ont fait que par suite du rappel des jeunes classes, 180,000 ouvriers métallurgistes sont sortis des usines, non pas pour empêcher la relève, car aucun d'eux n'en a jamais eu la pensée, mais pour obliger le gouvernement à parler de la Paix, à agir en faveur de la Paix.

Dites-vous bien, Messieurs, que ces faits ne se seraient pas produits si on avait parlé à la classe ouvrière. Il faut, on doit parler clair aux ouvriers, leur expliquer les buts que l'on poursuit dans cette guerre, leur donner l'impression que l'on fait quelque chose pour la paix.

C'est cette idée de paix qui a dominé le mouvement et c'est pourquoi nous avons environ 150 de nos camarades qui sont à Châlons-sur-Marne attendant les sanctions qui seront prises contre eux.

Cependant, ces camarades frappés ne sont pas plus responsables du mouvement que les organisations. Comme les organisations, ils ont été débordés par la masse pour les raisons que je viens de vous indiquer et de vous résumer brièvement.

Que demandons-nous ? Nous demandons qu'ils soient tous, sans distinction, remis dans les ateliers et dans les usines. Nous réclamons cela parce que, comme je l'ai dit à M. le président du Conseil : Comment, vous voulez rendre les délégués d'ateliers responsables du mouvement ? Mais le responsable c'est le gouvernement, qui a mis ces délégués dans l'obligation d'assumer cette responsabilité.

En effet, Messieurs, si les organisations ouvrières avaient joué le rôle qu'elles doivent remplir dans la société économique présente, ces délégués n'auraient eu aucune responsabilité dans le mouvement, parce qu'ils n'auraient pas été obligés d'en prendre. Ils ont été obligés de les prendre parce que jamais les patrons n'ont voulu reconnaître les organisations syndicales. Non seulement, ils n'ont pas voulu les reconnaître, mais ils ont tout fait pour disqualifier leur action et leurs militants. C'est ce qui obligea M. Albert Thomas, ministre à l'époque, à créer, les délégués d'ateliers.

Que leur reproche-t-on surtout ? On reproche à ces délégués d'atelier leur attitude dans le mouvement. Mais, par leurs fonctions, ils étaient obligés de prendre cette attitude et les responsabilités qu'ils ont prises et qui en découlaient normalement.

Que prétend-on exiger d'eux ? Qu'ils limitent leur action. Comment ! Messieurs, on veut que ces délégués limitent leur action à leur atelier propre et méconnaissent, dans la même usine, les délégués d'atelier qui sont à côté d'eux, dans le même établissement.

Mais, Messieurs, le gouvernement lui-même et les industriels également ont été obligés de dépasser ce cadre, de les faire sortir de ces limites. Soit quand ils voulaient examiner une question de transport, soit quand ils voulaient traiter des questions de ravitaillement ou de condition générales de travail, ils faisaient appeler une délégation des délégués d'atelier.

Et, je le répète, si les organisations avaient pu remplir le rôle qu'elles doivent jouer dans la société économique présente, c'est-à-dire avoir accès auprès des industriels, les délégués d'atelier n'auraient eu à prendre aucune responsabilité. Ce sont les organisations qui les auraient toutes prises. Dans ces conditions, nous ne pouvons pas admettre, et la classe ouvrière ne comprendrait pas, que l'on prenne des sanctions contre ces délégués. Elle a déjà admis difficilement que l'on ait envoyé à Châlons-sur-Marne les ouvriers frappés, alors qu'on pouvait les laisser au dépôt des métallurgistes à Paris, et prendre rapidement la seule décision qui s'imposait : leur remise en usine. Vous avez le devoir de le faire comprendre au gouvernement.

J'ajoute, Messieurs, pour traduire exactement tout l'état d'esprit de mes camarades ouvriers, qu'au lendemain du départ des ouvriers frappés à Châlons-sur-Marne, il faillit y avoir un nouveau mouvement pour les raisons que je viens de vous indiquer. Il ne s'est pas produit parce qu'on a fait confiance aux organisations.

Ainsi donc, des sanctions ne pourront qu'aggraver cet état d'esprit, provoquer d'autres mouvements. Je ne l'ai pas dissimulé d'ailleurs à M. le président du Conseil quand, au nom des grévistes, nous discutions avec lui.

Il y a aussi le mouvement de la Loire et des mouvements qui ont éclaté dans les autres régions. Dans ces dernières, ils ont eu le même caractère que celui de la Seine. Je ne conteste pas que les grèves de la Loire ont un caractère particulier. Je dirai un jour dans quelles conditions, le 11 février dernier, j'ai pu éviter aux organisations le piège dans lequel on voulait les faire tomber et dans lequel les militants sont tombés, malheureusement. Je ne veux pas, ici, y insister plus longuement. Mais il faut tenir compte que c'est dans la Loire, qu'à tout point de vue, les ouvriers ont le plus souffert. Le plus souvent, ou ils ont été mal ravitaillés, les choses les plus nécessaires leur manquaient pendant plusieurs jours.

Il ne faut pas oublier que le patronat de la Loire est un patronat arrogant, intransigeant et féodal. Féodal, non seulement dans son esprit, mais aussi par le mauvais outillage de ses usines, imposant d'énormes et d'inutiles fatigues aux ouvriers et leur payant les plus bas salaires de France. Ce n'est qu'à force de sacrifices et de réclamations, d'actions quotidiennes que les ouvriers ont pu, depuis l'année dernière, améliorer ces salaires.

Certes, Messieurs, je ne partage pas toute la pensée d'Andrieux et de ses camarades, ni celle de notre camarade Péricat, aujourd'hui emprisonné ; mais ce que je puis vous jurer sur ma parole et mon honneur de militant, c'est que jamais dans leur pensée, ni dans leurs actes, ils n'ont eu l'intention d'appuyer l'action de l'ennemi, encore moins avoir avec lui la moindre des relations.

Pour eux aussi, nous ne comprendrions pas les sanctions, car ils sont innocents. Ils ont simplement défendu leurs principes et leurs opinions, pas autre chose.

Ah! Messieurs, je l'ai dit à M. le président du Conseil, qui croyait voir dans mes paroles une menace : il est temps de parler à la classe ouvrière, si vous ne voulez pas voir en France les mêmes événements que ceux qui, en Russie, ont abouti à la paix de Brest-Litowsk.

Et tenez, Messieurs, pour bien montrer la profondeur de cet état d'esprit dans la classe ouvrière, je veux vous dire ce que j'ai constaté ces jours-ci :

Je reviens d'une tournée de réunions, qu'il m'avait été impossible de remettre. Je ne vous parlerai pas de l'état d'esprit des ouvriers de Bordeaux, Le Boucau, où je suis allé, car vous pourriez douter, en raison du caractère particulier de ces organisations, de la propagande que j'ai faite dans ces localités.

Mais je suis passé à Fumel. Nous avons là un ancien Syndicat qui, depuis une douzaine d'années, discute avec la direction des usines.

Cette dernière a compris qu'elle devait discuter avec l'organisation. Il n'y a jamais eu de grèves depuis que le Syndicat existe. La journée de huit heures est appliquée à la presque totalité des femmes ainsi qu'aux aciéries et hauts-fourneaux.

C'est vous dire l'état d'esprit qui règne à Fumel. Eh bien, quand j'ai interrogé les militants, quand je leur ai demandé ce que pensaient, ce que disaient les ouvriers, ils m'ont répondu : « Il y a un gros malaise à l'usine. On ne travaille pas comme on devrait le faire. Nos camarades sont inquiets de la situation. Ils demandent, ils voudraient savoir, connaître la vérité. »

Cet exemple est caractéristique. Savoir! Voilà ce que demande la classe ouvrière. Ne pas parler, à l'heure présente, à la classe ouvrière, c'est aller au devant de nouveaux et graves conflits qui déborderont les organisations ouvrières et les militants. Tous seront débordés.

Voilà, Messieurs, les explications que je voulais vous donner ici. Croyez ce que vous disent les représentants de la C. G. T. : Il est temps. Il faut parler à la classe ouvrière, si vous ne voulez pas que demain cette classe ouvrière refuse de se battre.

***

Pour renforcer ces déclarations le Comité confédéral, adressa à la représentation nationale les commentaires et les précisions suivantes :

Lettre à la Représentation Nationale.

Juin 1918.

Devant la situation faite au pays, la C. G. T. croit de son devoir de parler.

Par une délégation auprès de la représentation nationale de gauche, la C. G. T. a marqué la nécessité de donner à la classe ouvrière des garanties morales, afin que soient dissipés les malentendus qui risquaient de créer la fausse impression que la Défense nationale est, pour la classe ouvrière, incompatible avec ses droits, ses sentiments de dignité et son devoir de solidarité.

Nous croyons devoir compléter cette délégation par un exposé des raisons et des motifs qui légitiment notre point de vue.

Depuis quatre années, la classe ouvrière, avec la Nation, vit dans l'ignorance des événements militaires et diplomatiques qui se déroulent et auxquels est liée l'existence même du pays.

Tour à tour persimiste ou optimiste, la presse mensongère par intérêt, ou incomplète par l'exercice de la censure, a abouti à fausser le jugement des masses.

Dans cette atmosphère de renseignements incomplets ou faux, les angoisses les plus légitimes ont étreint les cœurs des travailleurs qui ne pouvaient obtenir connaissance exacte des directives suivies par les gouvernements, tant sur la conduite militaire que diplomatique de la guerre et sur les buts poursuivis. Dans de telles conditions, les bruits les plus contradictoires devaient trouver créance dans l'esprit du peuple et déclancher après eux des mouvements impulsifs.

A plusieurs reprises, la C. G. T. sentant le danger d'une telle situation, réclama du gouvernement qu'il fit connaître publiquement les buts de guerre et les conditions générales auxquelles la Paix pourrait être signée.

A ces demandes motivées par une connaissance exacte de l'état d'esprit populaire et par un juste souci de parer à des difficultés pressenties et que les événements ont malheureusement vérifiées, on ne répondit que par un silence dédaigneux ou par des déclarations trop générales.

« Notre but est la paix juste et durable », est une formule qui demande à être expliquée et précisée.

Ces explications et ces précisions nous ont été jusqu'ici refusées, tandis que dans le même temps nous apprenions que l'on menait certaines campagnes annexionistes, que l'on se prêtait à certaines tractations individuelles, que l'on repoussait sans discussion des propositions de paix qui restaient ignorées de la Nation et même du Parlement.

Pour pallier aux mauvaises répercussions de ces pratiques inadmissibles, la C. G. T. affirmait son droit à accomplir son œuvre de diplomatie ouvrière en participant aux conférences internationales. Ce droit cependant accordé à d'autres éléments de notre nation, nous fut refusé.

Ainsi, tant sur le terrain des explications nécessaires sur les buts de guerre que sur le droit à agir nationalement et internationalement, les organisations ouvrières n'essuyaient que dédain et refus.

Pendant ce temps, les événements se précipitaient et la situation s'empirait.

Les gouvernements de notre pays et de l'Entente auraient-ils diminué la Défense nationale si, répondant au désir de la classe ouvrière, ils avaient, après accord entre eux, défini publiquement les buts donnés aux efforts militaires, affirmé devant le monde ce que le traité de paix doit donner à tous les peuples, belligérants ou neutres : indépendance et sécurité, par la disparition de tous les militarismes et de tous les impérialismes et par la constitution de la Société des Nations.

Nous ne le pensons pas. Nous avons, au contraire, la certitude absolue qu'une action diplomatique s'exerçant dans cette voie, en accord avec la pensée intime des peuples de l'Entente eut prévenu certains revers et réagi salutairement sur les menées des diplomates des gouvernements autocratiques des empires centraux.

Combinée avec l'action internationale des classes ouvrières des pays de l'Entente, cette diplomatie de grand jour eut éveillé des échos sympathiques chez les peuples des Empires centraux et hâté l'heure de la Paix des Peuples.

Si ce but n'eut pas été atteint, tout-au-moins aurait-on éclairci la situation internationale et précisé les responsabilités de la continuation de la guerre.

Les fautes graves dont nous venons de parler se sont compliquées de fautes militaires qui, sans qu'elles aient été précisées, n'en ont pas moins eu leur écho dans la Nation. De là, des causes de mécontentements, aggravés par l'incompréhension d'un patronat toujours figé dans son principe d'autorité.

Cette situation d'incertitude sur le lendemain, cette méconnaissance du rôle que doivent jouer, nationalement et internationalement, les organisations ouvrières, ne peuvent persister.

La C. G. T. parlant au nom de la classe ouvrière, réclame que le gouvernement de notre pays fasse entendre les paroles de vérité qui justifieront la thèse du droit soutenue par l'Entente et rassureront le pays.

La classe ouvrière organisée a exprimé ses sentiments à ce sujet, tant dans sa résolution nationale de Clermont-Ferrand que dans la motion ouvrière interalliée de Londres, dont nous annexons deux exemplaires à ce document.

Le gouvernement, les Chambres doivent se prononcer sur les principes généraux de ces résolutions qui ne sont inspirées que par des idées d'indépendance, de justice et de fraternité humaine, dans le droit rétabli contre la force.

La C. G. T. réclame également, au nom de millions de travailleurs, du front et de l'arrière, que les propositions de paix, d'où qu'elles viennent ne soient pas rejetées sans discussion et que le gouvernement saisisse toutes les occasions pour faire entendre le langage de la raison et du bon sens.

La classe ouvrière ne veut pas que l'heure de la Paix puisse, si elle se présente, être méconnue.

La C. G. T. affirme son droit de participer, dans la plénitude de sa liberté, à l'action ouvrière internationale, convaincue que des assises du prolétariat international ne peuvent sortir que des décisions favorables à la cause du droit des peuples.

La C. G. T. indique que seule une politique de confiance, rejetant toute arrière pensée de répression, admettant l'intervention de l'organisation syndicale dans toutes les manifestations de la vie ouvrière, est seule capable de prévenir de nouvelles perturbations que nous pressentons et dont la gravité serait peut-être irréparable.

L'heure est venue de reconnaître, sans réserve, à la classe ouvrière le droit de dire son mot sur les affaires de la Nation par la voix autorisée de son organisation syndicale, seule qualifiée pour défendre ses intérêts moraux et matériels qui s'identifient avec ceux de la Nation tout entière.

En résumé et pour préciser notre pensée en ces heures particulièrement graves, nous réclamons :

Une connaissance exacte des buts de guerre et des conditions générales de la paix ;

Que la Nation tout entière puisse exercer son contrôle vigilant sur la marche des événements afin qu'aucune possibilité de paix, juste et durable, ne soit méconnue ;

Que la vie publique puisse s'intensifier dans un régime de liberté, seulement limité par la responsabilité de chacun, eu égard aux intérêts supérieurs du pays ;

Que toute politique répressive disparaisse de nos mœurs ;

Que la liberté individuelle soit sauvegardée par l'application d'une justice impartiale, indépendante des pouvoirs, des partis et des castes ;

Que le mouvement ouvrier puisse, dans sa liberté de pensée et d'action, accomplir sa mission nationale et internationale.

La C. G. T. déclare que c'est dans ces conditions et dans un tel régime de liberté vraie et de confiance mutuelle que le pays pourra être sauvé des pires catastrophes et que sera rapprochée l'heure de la Paix des Peuples, sur les bases définies par le président Wilson et dont les principes se trouvent inclus dans nos résolutions de Clermont-Ferrand et de Londres.

LE COMITÉ CONFÉDÉRAL.

L'ACTION INTERNATIONALE DE LA C. G. T.

dans les jours qui précédèrent la déclaration de guerre

Les journées qui ont précédé le grand conflit mondial ont été pour la C. G. T. l'occasion d'affirmer ses sentiments internationalistes, par une action extrêmement vigoureuse qui, dans l'esprit de ses militants, devait être de nature à stimuler les peuples des autres pays pour les engager dans la voie des protestations viriles contre la guerre.

L'action internationale de la C. G. T. fut, en conséquence, en 1914, de deux ordres : d'abord, l'action préventive, qui va plus particulièrement de l'instant où la menace de guerre apparaît clairement jusqu'à la journée fatale du 2 août, et qui est surtout caractérisée par une action à l'intérieur du pays, contre la guerre.

Puis, dans la suite, l'action destinée à renouer les relations internationales et à faire que la grande force morale de l'Internationale ouvrière soit en mesure de se reconstituer et de remplir dans la mesure qui lui serait possible la mission que lui assignèrent dans le monde ses glorieux fondateurs.

L'action préventive immédiate se place du milieu à la fin de juillet.

L'action contre la guerre

C'est d'abord l'entrevue du Secrétaire confédéral et de Legien, président de la Centrale syndicale allemande, à Bruxelles, où tous deux se trouvaient, à l'occasion du Congrès national syndical belge.

Au cours d'une conversation hors séance du Congrès, le Secrétaire confédéral interroge Legien. Ce dernier a relaté dans un discours qu'il prononça en 1917, à Brème, la conversation qui eut lieu à Bruxelles :

Un camarade français, qui occupe en France le même poste que moi en Allemagne, me demanda quelle serait l'attitude de la Social-Démocratie en cas de guerre. Je lui répondis que, dans ce cas, les soldats allemands marcheraient...

Et quand Jouhaux, peu satisfait d'une semblable réponse, insistait en disant :

Que comptez-vous faire pour éviter la guerre qui se prépare ? Etes-vous résolu à faire un mouvement ? Nous sommes, pour notre compte, prêts à répondre à votre appel ou à marcher en même temps, si nous en décidons ainsi ?

Legien restait muet...

Malgré le caractère décevant de cette conversation, la C. G. T. n'en persiste pas moins à tenter tous ses efforts pour conjurer le péril.

De retour à Paris, le Secrétaire confédéral faisait part des impressions qu'il rapportait de Bruxelles, et le mardi 28 juillet le Comité confédéral se réunissait pour prendre position en face de la situation, qui devient de plus en plus menaçante.

Déjà, le lundi 27 juillet, l'Union des Syndicats de la Seine et la *Bataille Syndicaliste* ont appelé les travailleurs parisiens à manifester publiquement.

La Serbie a accepté l'ultimatum, mais l'Autriche-Hongrie a répondu par l'agression.

Le conflit menace de s'élargir et d'entraîner dans son rayon sanglant les peuples de la Triple-Entente et de la Triple-Alliance.

Le Comité confédéral adopte le manifeste suivant :

A LA POPULATION !
AUX TRAVAILLEURS FRANCAIS !

Dans la grave situation présente, la C. G. T. rappelle à tous qu'elle reste irréductiblement opposée à toute guerre.

Que le devoir des travailleurs organisés est de se montrer à la hauteur des circonstances, en évitant, par une action collective, consciente, harmonisée à travers tout le pays, internationalement et par dessus les frontières, le plus grave péril mondial de se réaliser.

La C. G. T. déclare que la guerre européenne peut, doit-être évitée, si la protestation ouvrière, jointe à celle de tous les partisans de la paix, est assez formidable pour faire taire les clameurs guerrières.

Paris, ouvrier populaire, a déjà manifesté ses sentiments pacifistes, que la province, que tous les centres ouvriers se joignent à lui.

L'heure est tragique, et nul n'a le droit de rester indifférent.

L'action du prolétariat doit venir renforcer celle de tous les hommes qui, comprenant le péril couru par l'Humanité tout entière, veulent mettre toutes leurs forces et leur conscience au service de la civilisation contre la barbarie.

L'Autriche porte une lourde responsabilité devant l'histoire, mais la responsabilité des autres nations européennes ne serait pas moins lourde si elles ne s'employaient pas activement, loyalement pour que le conflit ne s'étende pas.

Dans cette action, les gouvernants de ce pays ont le peuple français avec eux si, comme on le dit, ils travaillent sincèrement pour la paix.

C'est une force qui, mieux que les traités secrets, doit leur assurer le succès définitif.

La C. G. T. croit fermement que la volonté populaire peut empêcher le cataclysme effroyable que serait une guerre européenne.

Aussi, rappelant la déclaration de l'Internationale : « Tous les peuples sont frères » et les déclarations de ses Congrès nationaux : « Toute guerre est un attentat contre la classe ouvrière, qu'elle est un moyen sanglant et terrible de faire diversion à ses revendications », elle réclame de toutes les organisations ouvrières une attitude ferme, dictée par le souci de conserver les droits acquis par le travail dans la paix.

La guerre n'est, en aucune façon, une solution aux problèmes posés, elle est et reste la plus effroyable des calamités humaines.

Faisons tout pour l'éviter, que partout, dans toutes les villes industrielles, comme dans toutes les communes agricoles, sans aucun mot d'ordre, la protestation populaire s'élargisse, se fortifiant, s'intensifiant, au fur et à mesure que les dangers deviendront plus pressants.

A bas la guerre !

Vive la paix !

LE COMITÉ CONFÉDÉRAL.

Une Commission est désignée pour s'entendre avec les délégués du Parti socialiste, pour donner aux manifestations plus d'ampleur et plus de vigueur. Un meeting monstre est, d'accord avec l'Union des Syndicats de la Seine, organisé pour le mercredi 29, dans les salles Wagram.

Le meeting est interdit ; les travailleurs s'y sont, malgré tout, rendus en masse.

Le jeudi 30, le bureau de la C. G. T. et celui de l'Union des Syndicats de la Seine lancent l'appel suivant :

Vigilance de tous les instants.

Malgré les menaces de voir le conflit austro-serbe emporter dans son tourbillon fratricide les peuples de la Triple-Entente et de la Triple-Alliance, la Paix reste possible. Elle doit triompher !

La volonté froide, résolue, de tous ceux qui se dressent contre cette éventualité criminelle doit être la plus forte.

Dans ces moments d'angoisse, au cours desquels se jouent les vies de millions d'êtres humains, la voix de la raison doit avoir le dernier mot.

Nul ne peut penser sans un frisson d'épouvante, aux conséquences effroyables que serait un choc armé entre les nations européennes.

Dans ces circonstances critiques, mais non désespérées, la classe ouvrière de tous les pays joue ses destinées. Son avenir risque de sombrer.

En face de ce péril, l'union de toutes les forces pacifistes est indispensable.

Les violences de la police ne parviendront pas à étouffer la liberté de parole.

A l'arbitraire, d'où qu'il vienne, la classe ouvrière doit y faire face.

La C. G. T., l'Union des Syndicats de la Seine, tout en protestant énergiquement contre les brutalités policières de mercredi dernier, pensent que l'interdiction du meeting de la salle Wagram ne peut être qu'une mesure d'affolement sans lendemain.

Le droit de manifestation en faveur de la Paix doit être inviolable.

Aussi la C. G. T. et l'Union des Syndicats de la Seine, se préoccupent-elles, dès maintenant, d'organiser une manifestation d'une importance et d'un retentissement plus considérables.

D'autre part, les Unions de Syndicats des grands centres : Lyon, Marseille, Toulouse, Bordeaux, Limoges, Nantes, Rennes, Le Havre, Rouen, Bourges, Amiens, Lille, etc., etc., organisent de leur côté de grandes manifestations publiques identiques à celle de Paris.

D'un bout à l'autre du pays, la voix ouvrière doit s'élever, créant une même atmosphère de protestation contre la guerre.

La date de ces démonstrations sera décidée par le Comité confédéral, les deux sections réunies, qui aura lieu ce soir, vendredi, à 9 heures, 33, rue de la Grange-aux-Belles.

Nous répétons à toutes les organisations que la période présente recommande le plus grand sang-froid.

Pas de décision précipitée, pas de panique, une vigilance de tous les instants, là est le salut !

Les Bureaux de la C. G. T. et de
L'Union des Syndicats de la Seine.

La réunion avec les délégués du Parti socialiste a eu lieu le même jour, à neuf heures du soir, dans les bureaux du journal l'Humanité.

Les délégués confédéraux voudraient une manifestation d'ensemble dans le délai le plus rapproché ; les délégués du Parti demandent que cette manifestation ait lieu le dimanche 9 août.

Jaurès expose que le Congrès socialiste international ayant lieu à cette date, la manifestation organisée pour son ouverture empruntera un véritable caractère international et n'en aura que plus d'ampleur et plus de répercussion.

Ce qui est adopté.

Le vendredi 30, le Secrétaire confédéral adresse au Secrétaire international Legien le télégramme suivant :

Legien, Engel-Ufer, 15, Berlin.

C. G. T. française résolument contre la guerre, demande Prolétariat international intervenir par pression sur gouvernements pour obtenir localisation du conflit.

La paix reste possible, doit triompher, si les travailleurs organisés internationalement restent unis dans même pensée : opposition à toute conflagration.

Cette paix est entre les mains de la classe ouvrière internationale, si elle sait être à la hauteur du péril.

Ici manifestations pacifistes se poursuivent. Nous croyons fermement à la paix car sommes énergiquement résolus à éviter la guerre.

A bas la huerre ! Vive la paix garantie par Internationale ouvrière.

JOUHAUX.

Ce télégramme, qui resta sans réponse, fut la suprême et dernière tentative pour faire agir contre la guerre les forces communes des prolétariats français et allemands.

Le samedi 1er août, les militants confédéraux se réunissent, salle de l'Egalitaire. Ils sentent que très peu d'espoir reste de maintenir la paix européenne. De partout montent des bruits de mobilisation. Ils veulent cependant douter encore et ils adressent au prolétariat ce suprême appel :

LA C. G. T. AUX PROLÉTAIRES DE FRANCE

Une heure grave vient de sonner

Les forces mauvaises sont sur le point de triompher. Une lueur d'espoir perce encore, mais si faible qu'il faut envisager les pires éventualités.

Cependant qu'entraînés vers le gouffre, nous voulons conserver l'espoir d'une paix possible.

Jusqu'à cette heure, le Comité confédéral est resté à son poste de combat, luttant pour la cause de la Paix.

Hier encore, il adressait à l'Internationale ouvrière un suprême appel.

Si ses efforts ne paraissent pas avoir donné ce que nous étions en droit d'attendre, ce que la classe ouvrière organisée espérait, c'est que les événements nous ont submergé. C'est aussi, nous devons le dire à ce moment suprême, que le prolétariat n'a pas assez unanimement compris tout ce qu'il fallait d'efforts continus pour préserver l'Humanité des horreurs d'une guerre.

Femmes, qui pleurez en ce moment, nous avons tout fait pour vous épargner cette douleur. Mais, hélas ! nous ne pouvons aujourd'hui que déplorer le fait accompli.

Pouvions-nous demander à nos camarades un sacrifice plus grand ?

Quoiqu'il nous en coûte, nous répondons : Non.

Ce que nous réclamons de tous, c'est un inébranlable attachement au syndicalisme, qui doit traverser et survivre la crise qui s'ouvre.

Aussi fermement qu'hier, nous devons conserver l'intégralité de nos idées et la foi dans leur triomphe définitif.

L'Internationale ouvrière restera toujours le but de nos efforts.

Convergence de nos espoirs, nous ne voulons pas qu'elle soit anéantie dans la tourmente.

Car nous savons qu'un jour viendra, quand les peuples auront fait plus de confiance et auront assuré sa force, où elle constituera l'unique sauvegarde de la Paix et de la Civilisation.

LA CONFÉDÉRATION GÉNÉRALE DU TRAVAIL.

L'ACTION INTERNATIONALE DE LA C. G. T.

depuis Août 1914 à Juin 1918

La guerre, devenue un fait, ne permit pas à la C. G. T., durant les premières semaines surtout, de reprendre à nouveau avec fruit les relations internationales.

Le dernier télégramme du Secrétaire confédéral, au président de la Centrale allemande, secrétaire de l'internationale syndicale faisait apparaître, toute action comme inefficace.

Le coup foudroyant, qu'avait été la déclaration de guerre de l'Allemagne et la fièvre qui régnait en conséquence dans tous les pays d'Europe, avait fait que les mouvements ouvriers restaient quelque peu isolés. Ce ne fut que momentané.

Dans la première quinzaine de septembre 1914 parvenait au secrétariat confédéral, une lettre de Suisse, signée du camarade Graber agissant au nom du Secrétariat syndical international.

C'est Merrheim, secrétaire confédéral intérimaire, qui le 3 octobre lui répondait dans les termes suivants :

Paris, le 3 octobre 1914.

Au camarade Ach. Graber,

Arêtes 24, à la Chaux-de-Fonds (Suisse).

Bien reçu votre lettre du 10 septembre. Je l'ai soumise au Comité confédéral du 20 du même mois et la réponse a été approuvée par le Comité du 27 septembre.

Dans votre lettre, vous demandez que la C. G. T. vous envoie des documents et les numéros de *La Voix du Peuple*, pour vous permettre de publier un ou deux numéros du *Bulletin international* des Centrales syndicales auxquelles vous étiez attaché à Berlin.

A notre grand regret, nous ne pouvons vous donner satisfaction. En effet, la mobilisation de milliers, de millions de travailleurs français nous a enlevé l'immense majorité des militants de nos organisations syndicales et fédérales. L'Etat paie aux familles des mobilisés une indemnité de 1 fr. 25 par jour et, en plus, 0 fr. 50 par enfant ainsi qu'aux chômeurs nécessiteux.

En présence de cette situation, dès la déclaration de guerre, Syndicats et Fédérations — par répercussion la C. G. T. elle-même — ont suspendu le paiement des cotisations. La besogne des organisations consiste à aider les travailleurs à traverser cette horrible épreuve avec le minimum de privations.

En conséquence, la *Voix du Peuple* a cessé de paraître. Le Comité confédéral a, par l'organe d'une Commission exécutive, constitué un Comité d'action avec le Parti socialiste ; il a pour mission de faire face aux événements actuels et à ceux pouvant surgir, menaçant nos libertés, et aux difficultés de la situation présente. Les Syndicats, Bourses du Travail et Unions départementales, dirigent ou font fonctionner — avec l'aide d'un Comité de Secours national et des municipalités — des soupes populaires. Ces dernières délivrent, à raison de 0 fr. 20 par personne des repas comprenant à midi : soupe, viande, légumes et pain, en attendant de pouvoir faire reprendre l'action syndicale. Telle est, en résumé, la situation actuelle en France.

A ce résumé, pourrait se borner la présente. Mais, dans votre lettre, vous avez cru nécessaire de nous faire part des sentiments des ouvriers Allemands qui, écrivez-vous : « P rtent à la guerre contre la France avec le plus grand regret » et vous ajoutez : « Ils se sentent menacés par le tzarisme et craignent qu'une victoire de ce régime ait une répercussion néfaste en Europe et, particulièrement, sur le mouvement ouvrier ».

Permettez-nous de vous dire que l'heure n'est pas aux regrets, qui ne sauraient atténuer les horreurs auxquelles nous assistons. Ce n'est pas non plus le moment de chercher à atténuer ou à établir les responsabilités des uns ou des autres. Pour nous, le fait brutal, c'est que chaque jour, des milliers de travailleurs belges, allemands, anglais, autrichiens et français sont fauchés par la mitraille, couchés, blessés ou morts sur les champs de carnage de l'Europe. Qu'au milieu de leurs souffrances, ils entremêlent leurs cris d'angoisses et de douleurs, leurs plaintes atroces et leurs râles d'agonie, sans parler des centaines d'estropiés, invalides que nous retrouverons après la guerre.

Leurs souffrances à tous sont les nôtres. Les douleurs inguérissables et le deuil de leurs parents, femmes ou fiancée sont les nôtres parce qu'ils sont de notre classe : des travailleurs. Parce que notre idéal aspire à les voir tous réunis, ayant au cœur un seul symbole : leur libération, non par la guerre, mais par la liberté conquise par la conscience et l'organisation internationale du prolétariat tout entier. Aucun d'eux ne saurait être, ni apparaître à nos yeux, comme un adversaire ni un ennemi.

C'est pourquoi nous nous permettons de vous faire observer que, malgré toute notre bonne volonté, nous ne parvenons pas à saisir la différence qui existerait entre l'impérialisme du kaiser étouffant, sous le poids du militarisme, les libertés en Allemagne et l'impérialisme du tzar moscovite les étranglant à Saint-Pétersbourg.

Les libertés ouvrières se valent dans l'un et l'autre de ces pays. Elles y sont inconnues, ou à peu près, dans l'un comme dans l'autre.

Aussi nous ne voyons pas ce que gagneront, vainqueurs ou vaincus, les ouvriers allemands à fortifier dans des fleuves de sang et sur des montagnes de cadavres, l'*impérialisme du kaiser* et des hobereaux militaires allemands dont ils ont été et ne peuvent qu'être les perpétuelles dupes ou victimes. En revanche, nous sentons trop ce qu'ils peuvent y perdre et, avec eux, la liberté de l'Europe.

En conclusion, tout ce que nous pouvons et voulons dire pour l'instant, c'est que la C. G. T. et le Parti socialiste français ont, cette fois-ci, — comme dans les crises précédentes au cours desquelles notre action fut d'un poids immense pour la paix — fait tout leur devoir pour éviter la guerre et les monstrueuses horreurs actuelles qui en sont la conséquence.

Recevez, camarade, nos salutations internationales et fraternelles.

Pour le Comité confédéral et par mandat :

Le Secrétaire par intérim,

A. MERRHEIM.

Le 31 octobre 1914, le secrétaire confédéral, à une lettre de Beaumeister, écrivant de Copenhague, au nom du secrétariat syndical international, répondait :

Paris. le 31 octobre 1914

A M. *Beaumeister (Copenhague).*

CAMARADE,

En réponse à votre lettre du 23 septembre, je puis répondre, au nom de la C. G. T. française, que nous restons, aujourd'hui comme hier, aussi fermement attaché à la cause de l'Internationae et aussi résolus à poursuivre l'émancipation économique du prolétariat. Les tragiques circonstances qu'actuellement nous traversons, n'ont nullement atteint notre idéal et nous resterons, malgré les douleurs présentes, des pionniers de la libération humaine.

Jusqu'au bout nous avons rempli notre devoir de travailleurs pacifistes, luttant contre l'approche de la catastrophe que nous sentions devoir être terrible dans ses conséquences. Malheureusement, il ne dépendait pas de nous seuls, que cette échéance fatale fut reculée, rejetée à jamais dans la nuit des temps.

Quand la violation du Luxembourg et de l'héroïque Belgique d'une part, quand l'envahissement de notre pays, d'autre part, furent choses faites, nous ne pouvions rester spectateurs indifférents dans cette bataille où se jouaient à la fois, le droit des petits peuples, l'existence de notre pays et l'avenir de la démocratie.

Nous qui avons toujours combattu le militarisme, nous comprenions plus que jamais, à cette heure terrible, que le militarisme allemand était un danger qui nous obligeait à combattre et que l'impérialisme prussien était au même titre que l'impérialisme russe, un principe mauvais, dont la disparition s'impose pour la paix du monde, que nous voulons la plus prochaine possible.

Nullement animés de désirs de conquêtes, les nôtres sont partis, gardant au cœur l'espoir que leurs sacrifices ne seraient pas inutiles et que cette guerre pourrait être la dernière si, comme conclusion, chaque peuple ayant fait son devoir démocratique intérieur, on réalisait les Etats-Unis d'Europe.

Nous ne voulons pas pour l'instant discuter les responsabilités, tout entiers préoccupés du soulagement à apporter à la misère des nôtres, frappés dans leur affection.

Cependant, nous permettra-t-on de vous dire, que le manifeste des intellectuels allemands déclarant : « la culture allemande reposant dans la force du militarisme et justifiant la destruction de Louvain », est une déclaration indigne de la civilisation.

Certes, nous ne rendons pas le peuple allemand responsable de ces élucubrations férocement orgueilleuses. Nous conservons le souvenir de ce prolétariat si vibrant le jour du meeting international de la salle du Nouveau-Monde, et n'avons d'autres aspirations, si les circonstances le permettent, que de l'aider à conquérir les libertés pour lesquelles il luttait hier.

En terminant, nous estimons que ce n'est pas dans le regret du conflit, mais dans l'action des masses asservies à des régimes contraires aux principes démocratiques, qui doivent être notre guide dans notre marche vers l'avenir.

Nous avons tenu à vous relater ces sentiments, pour détruire les affirmations de ceux qui parlent de démembrement de l'Allemagne et d'extermination de la nation allemande.

Recevez notre salut fraternel et syndicaliste.

Le Secrétaire,

L. JOUHAUX.

Le Comité confédéral reçut d'autre part une proposition, venant des Partis socialistes des pays scandinaves, d'avoir à donner son opinion sur la tenue d'une conférence des neutres qui discuteraient de la paix.

Le Comité confédéral discuta à savoir : si dans notre réponse nous devions demander aux pays neutres de se prononcer d'abord sur la question de la violation de la Belgique et de la Serbie — ou si nous devions répondre purement et simplement, en nous affirmant en faveur de la proposition.

Une commission fut nommée pour rédiger une résolution. Elle ne parvint pas à se mettre d'accord et c'est finalement une proposition de la Fédération du Bâtiment qui obtint à la majorité l'assentiment du Comité.

Considérant que les efforts du prolétariat organisé de France ont été dirigés en vue de maintenir l'état de paix.

Que toujours ces sentiments se sont affirmés et que c'est seulement le caractère défensif de celui-ci qui l'a obligé à prendre part au conflit terrible qui sème la désolation parmi tous les pays européens,

Que cette guerre défensive que nous subissons actuellement apparaît, tant par les documents diplomatiques que par la violation de la Belgique et du Luxembourg, comme déchaînée par le parti impérialiste et militariste d'Allemagne,

Considérant qu'il appartient surtout aux organisations socialistes et syndicalistes d'Allemagne, pays agresseur, de faire le geste qui limiterait dans ses horreurs et dans sa durée, la guerre que nous n'avons pas voulu,

Etant donné les conditions d'investissement subies par la Belgique, les départements du Nord et de l'Est de ce pays, passe à l'ordre du jour.

Fin 1914, le Secrétariat confédéral recevait de la Fédération américaine du Travail une proposition tendant « à la tenue, aux mêmes lieu et jour où se tiendrait le Congrès pour la Paix, d'une Conférence internationale des Centrales syndicales nationales pour aider au rétablissement des bons rapports entre les prolétariats organisés et faire participer ceux-ci à ·l'établissement des bases d'une paix durable et définitive ».

Après examen de cette proposition, le Comité confédéral l'acceptait et décidait d'adresser à cette occasion un manifeste-circulaire à toutes les Centrales nationales syndicales ainsi conçu :

A L'INTERNATIONALE OUVRIÈRE,
AUX ORGANISATIONS CENTRALES NATIONALES.

CAMARADES,

Malgré la terrible tourmente qui sévit actuellement sur l'Europe, tourmente déchaînée contre sa volonté et son action, la C. G. T. française tient à affirmer, une fois de plus, son inébranlable attachement à la cause ouvrière internationale.

La guerre reste pour elle le plus abominable des crimes sociaux. Aucun argument ne saurait atténuer la responsabilité de ceux qui l'ont déchaînée. C'est dire que la C. G. T. reste, aujourd'hui comme hier, partisan de la paix entre les peuples.

Depuis toujours, sa propagande, son action se sont affirmées contraires au nationalisme de bas étage, au militarisme de conquête, comme elles se sont opposées au retour des régimes déchus.

Son désir aurait été d'entraîner l'Internationale tout entière dans cette voie de lutte contre les forces mauvaises. Elle avait compris qu'il était indispensable, sur ce point précis, de créer une unité de pensée, déterminant une unité d'attitude dans les prolétariats organisés de tous les pays, de façon que, les circonstances l'exigeant, il puisse en découler une unité d'action contre un péril commun.

(Proposition à la Conférence internationale d'Amsterdam (1905) ; Intervention de la C. G. T. par son secrétaire auprès des Syndicats allemands (1905) ; Proposition à la Conférence internationale (Paris 1909) ; Délégation de la C. G. T en Allemagne (1910) ; Intervention auprès de Legion, à Bruxelles (Juillet 1914).

C'est en partie pour ne pas avoir reconnu la valeur de ce point de vue que l'Internationale ouvrière fut impuissante à empêcher la guerre.

Depuis six mois nous subissons cette guerre et toutes les horreurs de l'invasion. Nous avons vu violer la neutralité du Luxembourg et de la Belgique, envahir les départements du Nord et l'Est de notre pays, et les visions de carnage que nous vivons n'ont fait que fortifier notre point de vue quant à l'attitude que devait et que doit observer le prolétariat internationalement uni contre la guerre.

Cependant, si ardent que soit en nous le désir de rétablir la paix entre les peuples aujourd'hui belligérants, nous ne pouvons oublier que le territoire belge encore est presque entièrement occupé et que nos départements du Nord et de l'Est sont dans la même situation.

Que, d'autre part, les conditions essentielles de progrès social sont l'inviolabilité et l'indépendance des peuples.

Nous avons trop souvent protesté contre les expéditions coloniales pour oublier, aujourd'hui, les raisons profondes de nos protestations.

L'Humanité ne se développera dans le sens d'une civilisation toujours plus élevée, elle ne créera des relations sociales plus en rapport avec le droit humain, qu'autant que la force brutale disparaîtra comme moyen d'asservissement, pour se transformer en un auxiliaire de l'intelligence mise au service du travail.

Les·Etats-Unis du monde, forme d'organisation humaine que nous devons tendre à réaliser ne seront, que le jour où chaque nationalité, si faible soit-elle, ayant l'assurance d'être respectée dans son développement intérieur, la collaboration de tous les peuples sera ainsi rendue possible.

Ce jour verra s'établir le vrai régime de la liberté internationale, résultant du jeu normal et sans contrainte de toutes les libertés nationales.

Dans une telle constitution, le militarisme devenant sans objet, s'éliminera de lui-même. Cette conception de l'avenir, qui est nôtre, malgré les heures terribles que nous vivons, nous ne perdons nul espoir de la réaliser, si chaque prolétariat veut apporter sa part de travail sincère à l'édification de l'œuvre commune de libération.

Adopter cet idéal, c'est bannir de soi toute idée d'hégémonie, c'est vouloir l'harmonie entre tous les humains, par l'égalité de tous les peuples.

S'il n'est pas possible, dans les circonstances présentes, à la C. G. T. française de formuler les conditions d'une paix qu'elle appelle la plus proche possible, il lui est cependant permis d'indiquer que l'effort pacifique, pour s'employer utilement, doit s'orienter vers un but qui fasse que cette guerre soit la dernière des guerres.

Avec ceux qui accomplissent cette œuvre, la C. G. T. est de cœur. A nouveau, en ces heures terribles, elle demande que les classes ouvrières de tous les pays s'associent à elle pour affirmer et prendre l'engagement formel d'agir pour faire pénétrer dans la pensée des travailleurs du monde entier que, même sous la forme des Etats-Unis du monde, la Paix ne sera définitive et assurée, que le jour où toutes les classes ouvrières de toutes les nations auront acquis, au sein de leurs organisations, une conscience morale profonde de leurs devoirs réciproques et, par cela même, une puissance d'action véritable, capable d'empêcher toute guerre par l'opposition directe des forces organisées et agissantes dans l'Internationale ouvrière.

La C. G. T. approuve et accepte la proposition de l'A. F. of L. tendant à la tenue « aux mêmes lieu et jours, que la Conférence générale pour la Paix, qui se tiendra sans doute à la fin de la guerre» d'un *Congrès des représentants des organisations ouvrières des différentes nations* pour aider à rétablir les fraternelles relations, protéger les intérêts des travailleurs et, partout, aider à constituer les fondations pour une paix durable » sur les bases de la :

1º Suppression du régime des traités secrets ;

2º Du respect absolu des nationalités ;

3º De la limitation immédiate et internationale des armements, mesure qui doit précipiter leur suppression totale ;

4º L'application du recours à l'arbitrage obligatoire pour tous les conflits entre nations.

Vive l'Internationale ! toujours et quand même.

Pour le Comité et par mandat
Le Secrétaire,
L. JOUHAUX.

Il est bon de noter que la proposition de l'A. F. of Labor ne reçut de Legien, secrétaire international, qu'une réponse : « Une telle conférence ne serait d'aucune utilité. Qu'elle était impraticable. »

La Conférence de Londres de 1915

Poursuivant ses efforts, la C. G. T., sur une nouvelle invitation du Parti socialiste français, envoyait une délégation de cinq membres à une Conférence des socialistes des pays alliés qui se tenait à Londres, le dimanche 14 février 1915, et acceptait avec l'unanimité des délégués présents moins deux voix, les résolutions de la Conférence qui proclamaient hautement l'attachement des mouvements ouvriers des pays de l'Entente aux principes internationalistes, et concluaient dans le sens d'une union toujours plus intime des peuples en vue de leur affranchissement et contre toute guerre.

Le 5 janvier précédent, le bureau confédéral, en conformité d'une résolution du Comité confédéral, adressait au camarade Appleton, secrétaire de la Fédération des Trades-Unions anglaises, une lettre lui demandant l'avis de son Comité sur le transfert, pendant les hostilités, du siège du

Secrétariat syndical international dans un pays neutre, son fonctionnement étant assuré par des éléments neutres.

A l'occasion de la Conférence de Londres, les délégués de la C. G. T. et ceux de la Fédération des Trades-Unions se réunirent au local de cette dernière et décidèrent d'adresser collectivement au Secrétariat international syndical, la demande de transfert, en déclarant, par avance, qu'il n'y avait, de leur part, aucun sentiment de suspicion à l'égard des fonctionnaires actuels. Il fut également décidé de faire parvenir cette demande par le canal du camarade Gompers, secrétaire de l'ancienne F. of Labor d'Amérique.

Uu rapport de la C. G. T.

La C. G. T. ne s'est pas bornée à entretenir, par une correspondance avec les neutres, les rapports internationaux nouvellement rétablis. Elle songea à rendre efficace le jeu de ces rapports, et faire qu'ils se traduisent au jour de la paix, par des réalités tangibles. C'est dans cet esprit et pour ces fins que le Comité confédéral discuta et adopta le rapport suivant, qui peut se résumer par cette formule claire :

Obtenir par des mesures appropriées, que le travailleur devienne vraiment un citoyen du monde, libre et égal en droit dans tous les pays où il portera son effort de travail.

Considérant que la classe ouvrière qui a, sans marchander, payé son large tribut à la défense du pays, a le droit de faire entendre sa voix, pour la défense de ses propres intérêts, lors de la conclusion du traité de paix, qui mettra fin à la guerre européenne.

Que, d'ailleurs, ses intérêts sont conformes à ceux des prolétaires de tous les pays.

Que, pour s'opposer à chacune des revendications de la classe ouvrière, le patronat invoque la concurrence internationale, qu'il y a donc lieu de profiter du prochain traité de paix, pour faire disparaître cette concurrence, en ce qui concerne les conditions de travail.

Que, par conséquent, il sera indispensable d'insérer dans ce traité, des clauses économiques ouvrières assurant, d'une façon internationale, la protection ouvrière notamment en ce qui concerne la durée du travail (horaire journalier, semaine anglaise) les usines à feu continu (système des trois équipes, etc.), la protection spéciale des femmes et des enfants, les assurances sociales (accidents, maladies professionnelles, etc.), les poisons industriels, les garanties syndicales, etc., etc.

Décide :

1° De mettre immédiatement à son ordre du jour ces clauses ouvrières ;

2° D'entamer immédiatement une active propagande pour la réalisation de ce projet ;

3° De proposer l'inscription de cette question à l'ordre du jour de la Conférence syndicale internationale qui devra se réunir conformément à la proposition de l'A. F. of L.

La Conférence confédérale du 15 août 1915, n'ayant pas abordé l'examen des questions économiques portées à son ordre du jour, le Comité confédéral décidait l'envoi d'une circulaire esquissant un plan d'activité économique immédiate et quelques-uns des points que devait comporter ce plan.

Il semble qu'il ne faille pas attendre au dernier moment pour examiner et dresser le programme des clauses ouvrières à insérer au traité de paix, pour attirer l'attention de l'opinion publique sur elles et créer un mouvement d'opinion favorable.

Comme de même il nous semble qu'il serait sage de ne pas remettre au lendemain de la paix la poursuite de toutes nos revendications d'avant-guerre et de celles qui ont surgi de la tourmente. Il faut que nous précisions davantage les quelques points de notre programme de revendications et de desiderata immédiats et que nous intensifions nos efforts pour obtenir, dès maintenant, quelques réalisations. Ce serait encore le meilleur moyen d'éviter le recul des quelques améliorations que nous avons conquis jusqu'à ce jour. Cette guerre peut être une guerre de liberté et de libération, si elle apporte aux peuples politiquement asservis la liberté, l'indépendance politique et économique, la suppression des diplomaties secrètes, le désarmement et l'arbitrage obligatoire entre les nations. Le traité de paix qui la clôturera peut être la première assise des États-Unis d'Europe.

C'est pourquoi les organisations ouvrières doivent s'efforcer de faire prévaloir ces points de vue dans l'opinion publique et les faire inscrire dans le traité de paix. Cela créerait une atmosphère meilleure pour le développement de nos organisations et de notre propagande.

Ce serait déjà beaucoup. Mais ce n'est pas assez. Il faut aussi que cette guerre apporte quelques compensations à la classe ouvrière. Mais pour cela, il faut que celle-ci sache le vouloir.

Au lendemain de la démobilisation, les charges financières qui pèseront sur les peuples seront lourdes. Il faudra payer les intérêts des emprunts, amortir ceux-ci, assurer la vie des mutilés, des veuves des orphelins. Il faudra réparer les désastres, relever les ruines.

Si la classe ouvrière laisse faire, elle peut être sûre que la bourgeoisie lui en fera porter toutes les charges. Non seulement les charges indirectes, car il est bien évident qu'en fin de compte, c'est sur le travail seul que finit par retomber toute charge financière. Mais en imposant aux travailleurs un recul sur leurs conditions actuelles de travail.

Par la voix de ses représentants, le grand patronat parle déjà d'une augmentation de la journée de travail, de dérogation aux lois de protection.

Cela nous ne devons pas le permettre. Au contraire. La classe ouvrière qui aura largement répandu son sang sur les champs de bataille a bien le droit de réclamer sa part de plus de bien-être et de liberté.

Et au fait ce n'est pas par un redoublement de misère de la classe ouvrière, que l'on fait un pays et une industrie prospères. Au contraire, c'est avec une classe ouvrière à plus hauts salaires, à meilleures conditions de vie, jouissant de plus de liberté que l'on développe au plus haut point un marché intérieur, une plus forte consommation et que l'on intensifie davantage l'industrie.

Et puis chaque amélioration conquise par la classe ouvrière, augmentation de salaire ou diminution de la journée de travail, proscription des produits nocifs ou interdiction de procédés dangereux a été l'occasion de nouveaux perfectionnements techniques.

Mais cela, hélas! notre bourgeoisie paresseuse et routinière ne semble pas l'avoir compris. Pour lutter contre le machinisme perfectionné de ses concurrents, elle ne pense qu'aux longues journées et aux bas salaires. Et hier encore, elle opposait à beaucoup de nos revendications le prétexte de la concurrence internationale.

Il faut lui enlever ce dernier prétexte et profiter de la paix pour insérer dans le traité quelques clauses ouvrières. Non pas seulement pour retirer à notre patronat le prétexte de la concurrence internationale, mais aussi et surtout, pour que les prolétariats de tous les pays bénéficient de ces clauses. Parce qu'ainsi s'élèverait un peu le niveau de vie de la classe ouvrière européenne et notre pays aurait la gloire d'avoir semé sur le monde des idées de justice et de solidarité. Parce qu'ainsi serait tissé un nouveau maillon du réseau des conventions internationales qui nous achemineraient vers la Fédération des États-Unis du monde.

Origines de la législation internationale.

L'idée d'une entente internationale pour la protection légale des travailleurs n'est d'ailleurs point nouvelle. C'est Robert Diven qui en est le père, comme il est celui des premières lois protectrices anglaises. En octobre 1818, il adresse aux plénipotentiaires de la Sainte-Alliance, réunis à Aix-la-Chapelle, le mémoire qui est, en somme, la première expression de l'idée de protection internationale.

Plus tard, c'est un industriel alsacien, Daniel Le Grand, qui prend prétexte de la promulgation de la loi prussienne de 1839 sur le travail des enfants pour réclamer par un mémoire qu'il adresse aux gouvernements français, suisse et des États du Zollverein allemand, son extension à leurs pays respectifs. Dans un autre mémoire de 1841, il demande qu'une loi internationale limite à 9 heures par jour la marche des moteurs mécaniques.

Puis ce sont pendant les cinquante années qui suivirent, des études doctrinaires, des vœux de congrès, du Conseil municipal de Paris, des discussions parlementaires.

Puis une première fois, en 1881, la Suisse fait pressentir les gouvernements d'Allemagne, d'Autriche, de Belgique, de France, de Grande-Bretagne et d'Italie. Les réponses furent loin d'être encourageantes.

Une seconde fois, le 15 mars 1889, le gouvernement helvétique adressait aux divers gouvernements européens une circulaire les invitant à une Conférence préparatoire pour chercher les bases d'une convention internationale sur l'interdiction du travail du dimanche, la fixation de l'âge d'admission des enfants, le maximum de la journée des adolescents, l'interdiction du travail des femmes dans les industries dangereuses, la restriction du travail de nuit pour les femmes et les jeunes gens, le mode d'exécution des conventions.

L'Autriche-Hongrie, la Belgique, la France, le Luxembourg, les Pays-Bas, le Portugal acceptèrent la proposition. La réunion de la Conférence fut fixée au 5 mai 1890.

Mais, brusquement, l'empereur d'Allemagne, Guillaume II, chargeait son chancelier de poser officiellement la question de savoir si les gouvernements sont disposés à entrer en négociations et, le cas échéant, de convoquer la Conférence. La Suisse renonça à son propre projet et la Conférence se réunit le 15 mars 1890 à Berlin.

Quatorze États y étaient représentés : l'Allemagne, l'Angleterre, l'Autriche, la Belgique, le Danemark, la France, la Hongrie, l'Italie, le Luxembourg, la Norvège, les Pays-Bas, le Portugal, la Suède et la Suisse. La Conférence composée surtout de diplomates de carrière et d'hommes d'État dura quinze jours et ne put aboutir. Elle se contenta d'émettre un certain nombre de vœux.

Cependant, durant les années qui suivirent, l'idée fit du progrès. Les ordres du jour de congrès, les vœux, les études furent nombreux. En 1893, la Fédération des ouvriers suisses décidait de convoquer en Congrès des délégués des organisations ouvrières des différents pays en vue de délibérer sur la question de la protection légale internationale des travailleurs. Mais ce ne fut qu'en 1897 qu'il fut possible de réunir ce Congrès qui se tint à Zurich.

La même année se réunissait à Bruxelles le Congrès international de législation du travail. En 1900, à Paris, se tenait le second Congrès international pour la protection légale des travailleurs. Entre ces deux Congrès, des pourparlers s'étaient engagés entre les partisans de la protection légale des travailleurs qui aboutirent à la création de l'Association internationale pour la protection légale des travailleuss au Congrès de Paris, auquel participa la C. G. T. Cette association fut définitivement instituée au Congrès de Bâle, en 1901.

Elle est composée de sections nationales qui œuvrent dans leurs pays respectifs pour le développement de la protection légale des travailleurs. Dans ses Congrès internationaux qui se réunissent tous les deux ans, elle étudie la législation internationale du travail.

Conventions internationales et traités de travail

C'est l'Association internationale pour la protection légale des travailleurs qui a préparé le terrain pour l'adoption des deux convocations internationales de Berne (1906) et c'est l'influence de sa propagande qui a contribué à la signature des traités bilatéraux de travail.

A son Congrès de Cologne (1902), l'Association internationale pour la protection légale des travailleurs chargeait une commission spéciale de rechercher les moyens de faire adopter par les Etats l'interdiction générale du travail de nuit des femmes dans l'industrie et l'interdiction de l'emploi du phosphore blanc dans l'industrie des allumettes. Cette commission réunie à Bâle (1903) arrêta les bases des résolutions. Le bureau de l'Association fit parvenir aux gouvernements deux mémoires explicatifs et sollicita le gouvernement suisse de vouloir bien convoquer une Conférence internationale pour examiner les deux questions.

Celle-ci se réunit à Berne, en 1905, et adopta les bases d'ententes pour les deux conventions qui furent définitivement adoptées à une Conférence diplomatique à Berne, en septembre 1906.

A la Convention internationale portant prohibition du phosphore blanc, 11 Etats ou colonies ont adhéré. 7 Etats ou colonies, sans adhérer formellement, ont cependant, à la suite de la convention, interdit le phosphore blanc. A la Convention sur l'interdiction du travail de nuit des femmes, ont adhéré 25 Etats ou colonies.

A la demande de l'Association internationale pour la P. L. des T., le gouvernement suisse a convoqué une nouvelle Conférence internationale qui s'est réunie à Berne. 13 Etats y étaient représentés. Elle a arrêté les bases d'ententes pour deux nouvelles conventions internationales : l'une sur l'interdiction du travail de nuit des jeunes ouvriers employés dans l'industrie, l'autre sur la fixation de la journée de travail pour les femmes et les jeunes ouvriers employés dans l'industrie.

La déclaration de guerre a empêché la ratification diplomatique de ces deux nouvelles conventions.

Déjà, le 31 mai 1882, puis le 4 mars 1897, la France et la Belgique avaient conclu des conventions relatives au fonctionnement des caisses d'épargne et assurant aux déposants de plus grandes facilités de dépôt, de transfert et de remboursement entre les deux pays. Mais le premier traité de travail fut vraiment celui signé le 15 avril 1904 entre la France et l'Italie.

Il avait pour but, dit l'exposé des motifs, d'assurer à la personne du travailleur des garanties de réciprocité analogues à celles que les traités de commerce ont prévues pour les produits du travail et particulièrement :

1° Faciliter à leurs nationaux travaillant à l'étranger la jouissance de leurs épargnes et leur ménager le bénéfice des assurances sociales;

2° Garantir aux travailleurs le maintien des mesures de protections déjà édictées en leur faveur et concourir au progrès de la législation ouvrière.

Le traité prévoit :

1° Des facilités pour le transfert des fonds déposés dans les caisses d'épargne;

2° L'admission des ressortissants des deux pays aux retraites ouvrières dans leurs lieux de résidence ;

3° Des facilités pour le versement des cotisations et le versement des rentes des caisses nationales de retraites actuellement existantes dans les deux pays :

4° Le fonctionnement des assurances contre les accidents du travail ;

5° L'admission des ressortissants des deux pays à l'assurance chômage quand elle sera créée dans l'un ou l'autre pays;

6° La protection des jeunes gens employés dans l'industrie ;

7° Que l'adhésion d'un des deux pays à une Conférence internationale, dans le but d'unifier par des conventions certaines l'application des lois protectrices des travailleurs entraînerait, de la part de l'autre gouvernement, une réponse favorable en principe.

Enfin, par ce traité, le gouvernement italien prend l'engagement de compléter l'organisation dans tout le royaume, et plus particulièrement, dans les régions où le travail industriel est développé, d'un service d'inspection fonctionnant sous l'autorité de l'Etat et offrant, pour l'application des lois, des garanties analogues à celles que présente le service de l'inspection du travail en France, de publier un rapport annuel détaillé sur l'application des lois et règlements relatifs au travail des femmes et des enfants. Le gouvernement italien déclare en outre qu'il a l'intention de mettre à l'étude et de réaliser graduellement la réduction progressive de la durée du travail journalier des femmes dans l'industrie.

Les détails d'application des principes ci-dessus stipulés devaient être réglés par des arrangements spéciaux. Un premier arrangement, signé en même temps que le traité et complété par un second du 20 janvier 1906, a trait aux caisses d'épargne. Un arrangement du 9 août 1910 règle les conditions d'application du traité, en ce qui concerne les caisses de retraites.

Un arrangement du 9 juin 1906 consacre l'assimilation complète des nationaux aux ressortissants de l'autre état, en ce qui concerne l'assurance accidents. Enfin, un arrangement du 15 juin 1910 règle la protection des jeunes italiens travaillant en France et vice versa.

Certes, ce traité était plus plein de promesses que de réalités immédiates ; cependant, quelques-unes ont été réalisées. Et il a été, d'autre part, un excellent instrument pour le développement de la législation protectrice en Italie.

Aucun autre traité de cette ampleur n'a encore été signé jusqu'à présent. Mais depuis, un grand nombre de conventions relatives surtout à l'assurance accidents ont été conclues, dont quelques-unes incluses en des traités de commerce entre Italie-Suisse (juillet 1904) ; Italie-Allemagne (3 décembre 1904) ; Allemagne-Autriche (19 janvier 1905) ; Belgique-Luxembourg (11 mai 1906) ; Luxembourg-France (27 juin 1906) ; Allemagne-Hollande (27 août 1907) ; France-Angleterre (3 juillet 1909) ; Grande-Bretagne-Suède (18 juin 1909) ; Italie-Hongrie (19 septembre 1909) ; Allemagne-Belgique (6 juillet 1912) ; Italie-Allemagne (31 juillet 1912) ; Espagne-Allemagne (30 novembre 1912, 12 février 1913) ; Italie-Amérique (25 février 1913) ; Allemagne-Luxembourg (2 septembre 1905) ; France-Belgique (21 février 1906) ; Belgique-Luxembourg (22 mai 1906).

Signalons également un traité entre le Transvaal et la Mozambique pour la protection des travailleurs indigènes et que le traité franco-danois d'arbitrage du 9 août 1911 prévoit, parmi les questions sujettes à arbitrage, celles relatives à la protection internationale des travailleurs.

Dernièrement, dans une interview, M. Dato, alors président du conseil des ministres d'Espagne, déclarait que son gouvernement était tout disposé à s'entendre avec le gouvernement français pour la conclusion des conventions relatives à la protection ouvrière.

Assurances sociales.

Les conventions internationales et les traités de travail ne sont point choses nouvelles. Il s'agit simplement d'élargir ces conventions et ces traités en étendue et en contenu.

La plupart des pays européens ont aujourd'hui une législation sur la réparation des accidents du travail, basée sur le principe du risque industriel et de la réparation forfaitaire. Mais les unes : celles de Grande-Bretagne, d'Italie, d'Espagne, de Belgique, des Pays-Bas et de Suisse ne font point de distinction entre nationaux et étrangers. Tandis que les autres : les lois autrichiennes, norvégiennes, grecques et danoises frappent les étrangers de déchéance absolue dès qu'ils ne résident plus dans le pays. Enfin, une troisième série, les lois russes, allemandes, françaises, hongroises et luxembourgeoises, tout en frappant de déchéance, prévoient la possibilité d'assimilation aux nationaux, en vertu d'arrangements diplomatiques.

Le nombre considérable d'arrangements relatifs aux *assurances d'accidents* permet de penser qu'il serait sans doute très facile d'aboutir à une entente sur ce point.

L'accord pourrait et devrait se faire sur le principe de l'assimilation pure et simple aux nationaux des victimes d'accidents et de leurs ayants droit, quels que soient leur nationalité et le lieu de leur résidence ordinaire.

Il faudrait aussi, en même temps, régler le conflit des lois, en ce qui concerne par exemple l'accident survenu à l'étranger à un ouvrier employé travaillant pour une entreprise de sa nationalité, ou dans un pays pour un ouvrier employé par une entreprise d'une nationalité différente de la sienne, et les employés des entreprises de transport (publiques et privées). Prévoir les arrangements nécessaires pour les enquêtes et les formalités à accomplir hors frontières et les facilités pour le versement des rentes aux invalides et ayants droit, résidant hors du pays où a été réglé le sinistre.

Les autres formes d'assurances sociales contre la maladie, l'invalidité, la vieillesse, le chômage, ne sont pas aussi développées et ne sont pas également développées dans les divers pays.

En Allemagne, en Autriche, en Hongrie, en Angleterre, l'assurance-maladie est obligatoire, sauf restrictions en ce qui concerne l'administration et la participation aux subventions de l'Etat, les étrangers sont traités sur un pied d'égalité. Ailleurs, notamment en France et en Belgique, l'assurance-maladie est libre et assurée par des sociétés de secours mutuels. Les étrangers peuvent adhérer à ces sociétés. Ils ont même le droit d'en constituer qui soient uniquement composées d'étrangers. La loi du 13 juin 1911 n'impose pas l'obligation de l'assurance, mais elle accorde des subventions auxquelles peuvent prétendre toutes les sociétés qui satisfont aux conditions de la loi.

La loi anglaise prévoit les arrangements internationaux. Il serait possible, sur ce point, d'amorcer la question et d'insérer une clause par laquelle les gouvernements s'engageraient à mettre à l'étude et à réaliser dans un délai déterminé des lois sur l'assurance-maladie et à accorder le bénéfice de leurs dispositions aux étrangers, ainsi qu'à prévoir les arrangements pour assurer sans interruption le bénéfice de l'assurance aux travailleurs appelés à changer de résidence, le fonctionnement du contrôle et le versement des indemnités hors des frontières respectives. Des engagements de cette nature, rappelons-le, ont été pris déjà dans le traité franco-italien du 13 avril 1904.

Cependant, de suite, il pourrait être stipulé que là où n'existerait pas encore l'assurance-maladie, les maladies professionnelles seraient assimilées pour la réparation aux accidents du travail.

3

Cette assimilation s'étendrait à toute maladie manifestement provoquée par l'exercice de la profession.

L'invalidité et l'assurance-vieillesse retraites ouvrières, sont de dates récentes, la législation est diverse. Dans les lois anglaise et danoise, la retaite est versée tout entière des fonds de l'État. Dans les lois allemandes, autrichienne, française, elle est contituée surtout ou exclusivement par les versements obligatoires des employés et des employeurs. Dans les lois belge et italienne, l'État majore simplement les retraites que les ouvriers se constituent eux-mêmes par des versements obligatoires.

Seule, jusqu'à présent, l'Angleterre a organisé une assurance nationale contre le chômage et encore est-elle limitée aux industries du bâtiment, des travaux publics, des constructions navales, de la métallurgie et du bois.

Rappelons, cependant que tant sur la question des retraites ouvrières que sur l'assurance chômage, le traité franco-italien du 15 avril 1904 contient des engagements. Engagements plus moraux que précis, il est vrai.

Il nous semble qu'élargissant les termes du traité franco-italien, les gouvernements pourraient s'engager à mettre à l'étude, à réaliser dans un délai donné, ces assurances et à en assurer l'extention aux travailleurs étrangers.

Limitation du temps de travail.

Il semble qu'une entente sur la limitation du temps de travail soit également assez facile. Déjà, le Congrès de Berlin (1890) émettait une série de vœux. Sur l'âge d'admission des enfants, que celui-ci soit fixé à douze ans pour l'industrie en général et 14 ans pour les mines, sous réserve que les enfants aient préalablement satisfait aux prescriptions concernant l'instruction primaire, et que les enfants au-dessous de quatorze ans ne travaillent ni la nuit, ni le dimanche, ni plus de six heures par jour, ni dans les industries insalubres et dangereuses et ceux de quatorze à quinze ans ne travaillent ni la nuit, ni le dimanche, ni plus de dix heures par jour. Sur le travail des femmes : qu'elles ne puissent travailler la nuit, ni plus de onze heures par jour; sur le repos hebdomadaire, que celui-ci soit étendu à tous les ouvriers de l'industrie.

La Convention internationale de Berne (1906) a déjà interdit le travail de nuit des femmes dans l'industrie, sauf quelques exceptions. A cette convention adhèrent notamment l'Allemagne, l'Autriche, la Hongrie, la Belgique, le Danemark, l'Espagne, la France, l'Angleterre, l'Italie, le Luxembourg, la Hollande, le Portugal, la Suède et la Suisse.

La seconde Conférence internationale de Berne (1913), où quatorze États étaient représentés, a préparé les bases de deux nouvelles conventions sur l'interdiction du travail de nuit des jeunes ouvriers employés dans l'industrie et sur la fixation de la journée de travail pour les femmes et les jeunes ouvriers employés dans l'industrie.

La première prévoit l'interdiction du travail de nuit aux jeunes ouvriers jusqu'à l'âge de seize ans. Elle permet quelques exceptions, mais l'interdiction est absolue pour ceux de moins de quatorze ans. La seconde prévoit la limitation à dix heures de la journée des femmes et des jeunes ouvriers de moins de seize ans sous réserve de quelques exceptions et d'un certain délai pour quelques industries.

Cependant, la Convention prévoit la faculté à porter la journée à dix heures à condition que le travail de la semaine ne dépasse pas soixante heures.

Le repos du samedi après-midi est déjà inscrit, en tout ou partie pour les enfants, les femmes et même parfois les adultes, dans les législations allemande, anglaise, belge, grecque, hollandaise et suisse ; elle est au pre-

mier plan des revendications ouvrières dans un certain nombre de pays.
Le dernier congrès de l'A. I. P. L. T. des travailleurs a demandé que son
application fasse tout au moins pour les femmes et les enfants l'objet d'une
convention internationale.

Les enquêtes internationales ont démontré que le système de trois
équipes de huit heures pour les usines à feu continu était nécessaire et
parfaitement réalisable. Aussi l'A. I. pour la P. L. T. avait également
reconnu que le moment était venu d'en consacrer la réalisation par une
convention internationale.

Ainsi, il nous apparaît qu'un accord pourrait se réaliser sur :

a) La fixation à quatorze ans de l'âge d'admission des enfants au travail industriel, commercial, agricole et la prolongation jusqu'à cet âge de
la scolarité. Mesure déjà adoptée par la Commission mixte du département
de la Seine.

b) L'interdiction du travail de nuit et dans les industries à feu continu
aux femmes et aux adolescents de moins de dix-huit ans.

c) L'obligation du repos hebdomadaire du dimanche et du samedi
après-midi, sauf exceptions pour quelques professions où le repos du
samedi après-midi serait reporté sur un autre jour de la semaine.

d) La fixation à dix heures de la durée maximum de la journée de
travail pour tous les travailleurs.

e) La réduction de cette durée à huit heures pour les mines, les usines
à feu continu et les industries insalubres.

Hygiène et Sécurité.

Les lois d'hygiène et de sécurité des travailleurs sont plus ou moins
développées et varient considérablement d'un Etat à l'autre. Elles n'ont pas
encore fait l'objet d'études au point de vue international. Mais le développement capitaliste tend à unifier dans tous les pays les méthodes d'exploitation technique, et les progrès scientifiques sont internationaux. Il serait
intéressant que les diverses législations tendent, sinon à s'unifier complètement, du moins à se rapprocher sensiblement.

Cependant, d'ores et déjà, des conventions pourraient être prises sur
l'application, dans un délai très rapproché, d'un système unique pour tous
les chemins de fer, d'accouplement automatique applicable à tous les
wagons.

Egalement devrait être prévue une entente pour la lutte commune
contre les poisons industriels, les procédés dangereux et les maladies
professionnelles.

Contrôle et Statistique.

Comment assurer, entre les divers pays, l'entente permanente que
nécessite la lutte contre les poisons industriels, les procédés dangereux et
insalubres de fabrication, les maladies professionnelles? Comment, d'une
façon méthodique, coordonner les efforts.

D'autre part, comment assurer l'exécution des clauses ouvrières d'un
traité international, de la part des Etats, comme de celle des particuliers?
L'exécution des clauses politiques, des clauses économiques dépendent
exclusivement des gouvernements et on en connaît les sanctions plus ou
moins positives.

Mais quand un gouvernement, pour satisfaire à ses engagements
diplomatiques, a fait passer dans ses lois telle ou telle clause de protection
ouvrière, il peut se désintéresser de son application. Il se heurte presque
sûrement à l'hostilité d'une fraction patronale. Il peut rencontrer l'opposition d'une certaine partie de l'opinion publique mal éclairée, ou de certains

partis politiques. Comment résistera-t-il, comment tiendra-t-il énergiquement la main pour l'application réelle des stipulations du traité ?

D'autre part, le texte des Conventions internationales peut donner lieu à des interprétations différentes. Le paragraphe 3 de l'article 1er de la Convention de Berne sur l'interdiction du travail de nuit des femmes dit : « A chacun des Etats contractants incombe le soin de définir ce qu'il faut entendre par entreprises industrielles. »

L'article 3 déclare : l'interdiction pourra être levée :

1° En cas de force majeure :

2° Dans le cas où le travail s'applique, soit à des matières premières, soit à des matières en élaboration, qui seraient susceptibles d'altération très rapide.

Ces textes permettent des opinions contradictoires qui peuvent en fait annuler la convention.

Pour assurer l'application des Conventions, il y a lieu d'établir des règlements, des ententes de détail, n'est-il pas nécessaire dans ces conditions d'unifier autant que possible le texte de ces ententes et de ces règlements.

L'unification des méthodes de statistique, en ce qui concerne les questions ouvrières appaʁaît aussi indispensable, si on veut permettre les comparaisons utiles et l'utilisation rationnelle de ces statistiques.

La nécessité de contrôle de l'exécution des clauses des traités bilatéraux ou des convention internationales est d'ailleurs déjà admise en principe.

Par le traité du 15 avril 1914 le gouvernement italien prend l'engagement de compléter l'organisation dans tout le royaume et plus particulièrement dans les régions où le travail industriel est développé, d'un service d'inspection fonctionnant sous l'autorité de l'Etat et offrant pour l'application des lois des garanties analogues à celles que présente le service de l'inspection en France... Le gouvernement italien accepte de publier un rapport annuel, détaillé, sur l'application des lois et règlements relatifs au travail des femmes et des enfants, le gouvernement français prend le même engagement.

La Convention internationale de Berne (1906), sur l'interdiction du travail de nuit des femmes, prévoit que : « Les gouvernements se communiqueront par la voie diplomatique des lois et règlements sur la matière de la présente convention qui sont ou seront en vigueur dans leur pays, ainsi que les rapports périodiques concernant l'application de ces lois et règlements.

Le traité d'arbitrage franco-danois, du 9 août 1911, stipule que les différends relatifs à la protection internationale ouvrière sont ceux qui doivent être soumis à l'arbitrage.

A la Conférence internationale de Berne (1906), l'Angleterre avait proposé la constitution d'une Commission chargée de surveiller l'exécution des dispositions de la présente convention... La Commission aura pour mission d'émettre un avis sur les questions litigieuses et les plaintes qui lui seront soumises. Elle n'aura qu'une mission de constatation et d'examen. Elle fera sur toutes les questions et les plaintes qui lui seront soumises, un rapport qui sera communiqué aux Etats intéressés.

En dernier ressort, une question en litige sera sur la demande d'une des parties contractantes soumise à l'arbitrage.

Dans les cas où les hautes parties contractantes seraient disposées à réunir les conférences au sujet de la condition des travailleurs, la Commission se chargera d'en discuter le programme et servira d'organe pour les échanges de vues préliminaires.

Devant l'opposition irréductible de l'Allemagne, la proposition fut retirée et transformée en vœu, accepté par le Danemarck, l'Espagne, la France, l'Angleterre, l'Italie, le Luxembourg, les Pays-Bas, le Portugal, la Suède et la Suisse.

C'est surtout sous le prétexte que tout contrôle international était une atteinte à la souveraineté nationale des Etats que l'Allemagne repoussait la proposition anglaise. Mais la Convention internationale des sucres, du 5 mars 1902, a institué une Commission internationale chargée de surveiller l'exécution des dispositions de la présente convention.

Cette Commission aura pour mission :

a) De constater si, dans les états contractants, il n'est accordé aucune prime directe ou indirecte à l'exportation des sucres ;

b) De constater si les états prévus à l'article 6 (l'Espagne, l'Italie et la Suède), continuent à se conformer à la condition spéciale prévue (de ne pas exporter de sucres);

c) De constater l'existence des primes dans les États non signataires et d'en évaluer le montant en vue de l'application de l'article 4 : (droit d'entrée spécial frappant les sucres originaires de pays accordant des primes);

d) D'émettre un avis sur les questions litigieuses) ;

e) D'instruire les demandes d'admission à l'Union des Etats qui n'ont point pris part à la présente convention.

Les pouvoirs de cette Commission sont donc très étendus et il semble bien que les Etats aient porté là une atteinte plus grave à leur souveraineté que l'eut été celle résultant de l'adoption de la proposition anglaire.

La Paix doit permettre de passer outre à l'opposition allemande et de faire, de l'institution d'une telle Commission internationale, une des bases qui préparaient la Fédération des Etats-Unis d'Europe.

Ce qui n'empêcherait pas, au contraire, les Etats de s'engager à créer ou à développer dans leurs pays respectifs l'inspection nationale du travail. Mais comme ce sont surtout les travailleurs de chaque pays qui sont les plus intéressés à l'application de cette législation internationale du travail, une des meilleures garanties internationales de sa stricte application serait encore d'appeler les organisations ouvrières nationales de chaque pays à participer activement au contrôle de cette application.

Déjà, l'Association internationale pour la protection légale des travailleurs a créé un office international du travail, non officiel, quoique subventionné par un certain nombre de gouvernements et dont le siege est à Berne.

On pourrait charger cet office, d'accord avec le Secrétariat syndical international, de la coordination des diverses enquêtes, études statistiques, rapports nationaux sur l'application des lois ouvrières, de l'unification des méthodes des statistiques, des rapports comparatifs sur les conventions internationales, de la préparation des enquêtes internationales, de l'étude de tout ce qui a trait au développement et l'application de la législation du travail, de la protection, de l'hygiène et à la sécurité des travailleurs. Les gouvernements contribuant aux dépenses, dans une proportion à déterminer.

Emigration et immigration

Mais suffit-il d'assurer à tous les travailleurs un certain nombre de réciprocités, garanties d'ordre matériel, en ce qui concerne les assurances sociales, la limitation du temps de travail, l'hygiène et la sécurité? Ne peut-il pas leur assurer également un certain nombre de garanties, garanties d'ordre moral, en ce qui concerne le droit au travail et le corollaire, le contrat de travail, la sauvegarde de leur liberté et de leur dignité ouvrières ?

Le développement du capitalisme, les besoins sans cesse grandissants de la grande industrie moderne en main-d'œuvre, le déplacement, surtout dans les Etats industriels, des populations rurales vers les centres urbains, que les facultés de communication avaient multiplié dans des proportions formidables, les émigrations ouvrières, émigration saisonnière ou émigration de plus longue durée.

Au lendemain de la guerre, alors qu'il faudra combler les vides creusés par les hécatombes des champs de bataille, alors qu'on ne peut prévoir un essor nouveau de l'industrie, un intense besoin de main-d'œuvre étrangère va se faire sentir dans tous les pays industriels d'Europe.

Nul ne conteste plus, aujourd'hui, le principe même du droit qu'a tout homme de travailler là où il peut occuper son activité, même hors de son propre pays. La classe ouvrière française, fidèle à ses principes internationalistes, moins que quiconque.

Mais, en tous pays, le capitalisme a fait de l'importation en masse de la main-d'œuvre étrangère une arme de lutte contre la main-d'œuvre nationale. Libre-échangistes ou protectionnistes sont les adversaires de toute mesure de protection de la main-d'œuvre. Ils n'ont jamais compris qu'une telle importation, sans nécessité et sans mesure, n'avait pour résultat que d'abaisser le niveau de vie de toute la classe ouvrière et, par suite, de porter un réel préjudice à leur propre industrie nationale, à son développement technique et au progrès général.

C'est dans le sens de la justice et de l'équité qu'il faut trouver la solution. Et la Paix, qui doit être, nous dit-on, la victoire du droit et de la justice, doit nous l'apporter.

Le travail, comme le capital, s'internationalise de plus en plus. Comme le capital, il doit avoir ses règles juridiques internationales d'exécution des clauses des contrats de travail, qui doivent être assurées comme le sont les clauses d'un marché industriel ou commercial.

En tous pays doit être reconnu le droit syndical du travailleur. Et le travailleur étranger doit jouir, là où il travaille, de toutes les garanties syndicales dont jouit le travailleur national. Et même, le cas échéant, le droit de faire partie de l'administration de son Syndicat. Il ne doit plus être livré à l'arbitraire d'une administration aux ordres du patronat. Le droit d'expulsion administratif doit être limité et plus admis pour faits d'ordre syndical ou corporatif. Les arrêtés d'expulsion devraient d'ailleurs toujours être susceptibles d'appel devant un tribunal d'ordre judiciaire. Les émigrations ouvrières devraient être organisées méthodiquement. C'est une question de placement international. Les ouvriers émigrants devraient être dirigés là, et là seulement, où le manque de bras se fait rudement sentir. Les émigrants ne devraient jamais recevoir de salaires, ni subir de conditions inférieures aux salaires normaux et aux conditions de travail en usage dans la ville ou dans la région pour les ouvriers de la même profession ou de la même spécialité. Les salaires et conditions doivent être ceux spécifiés dans les contrats passés entre syndicats patronaux et ouvriers ou, à défaut de contrats, ces salaires et conditions constatés par des Commissions mixtes composées de délégués des Syndicats patronaux et ouvriers, comme nous en formulons notre désir dans notre rapport sur la main-d'œuvre étrangère.

Les pays d'émigration ont, au règlement de la question, un intérêt égal à celui des pays d'immigration. Autant il importe aux uns que les émigrants ne viennent pas inconsidérément troubler le marché du travail, augmenter l'intensité du chômage, diminuer le niveau général de la vie, autant les autres ont intérêt à ce que les émigrants ne soient pas exposés à la misère et au chômage, à l'exploitation sans scrupule et sans mesure, sans garantie contre les flibustiers de la grande industrie ou les forbans de la petite. Un certain nombre de pays exportateurs de main-d'œuvre ont déjà établi des services d'émigration et sont disposés à s'entendre pour la réglementation de la question. Il semble qu'un accord soit facile sur cette question.

Au service d'émigration des pays exportateurs, il faudra répondre par le service d'immigration des pays importateurs (rapport sur la main-d'œuvre étrangère).

Mais en raison du développement industriel qui, sans doute, va se manifester dans quelques-uns des pays européens, qui étaient jusqu'ici de gros exportateurs de main-d'œuvre, leur émigration va graduellement se ralentir. Aussi va-t-on, et on a déjà commencé, rechercher de la main-d'œuvre parmi les populations à niveau de vie encore inférieur, parmi les indigènes de nos colonies d'Afrique et d'Asie, chez les Chinois, les Japonais ou les Hindous.

C'est, et ce sera alors le devoir des pays démocratiques de ne pas permettre que ces éléments soient traités en parias, livrés sans merci à l'exploitation capitaliste. Ce sera le devoir des peuples qui importeront cette main-d'œuvre de faire leur instruction et leur éducation et de les élever au niveau de vie des ouvriers du pays.

Des prescriptions très sévères devront être édictées pour que cette main-d'œuvre ne soit pas exploitée non plus par des négriers (tâcherons, agents de recrutement, marchands de soupe, etc.). Le recrutement et l'embauchage et l'emploi de cette main-d'œuvre devront être soumis aux mêmes conditions que celles prévues pour la main-d'œuvre européenne. Elle devra jouir de toutes les garanties syndicales, de toutes les lois d'assurances, de limitation de temps de travail, d'hygiène et de sécurité.

Au même titre que la main-d'œuvre nationale, avoir les mêmes salaires et conditions de travail.

Et peut-être, même, y aura-t-il lieu d'organiser un contrôle spécial pour les usines ou régions où elle sera employée.

Conférence internationale.

Pour toutes ces questions, il y a intérêt à ce que nous les discussions avec nos camarades de l'Internationale ouvrière et que nous les portions à l'ordre du jour de la Conférence syndicale internationale que l'A. F. of L. propose de tenir aux mêmes lieu et date que la Conférence qui se réunira pour le traité de paix.

Nous pourrions, dès à présent, communiquer notre proposition à toutes les centrales nationales syndicales. Elles auraient le temps de l'étudier et d'y intéresser l'opinion publique de leurs pays.

Ce serait donner, même en ce moment, un but commun et immédiat à l'action internationale ouvrière. L'habituer à ce qu'elle n'a jamais connu, et pour cause, à des campagnes internationales, et préparer sa renaissance et son développement futur.

La Conférence syndicale internationale aurait ainsi une formidable autorité morale pour réclamer l'insertion de ces clauses ouvrières dans le traité de paix.

Sans préjudice, d'ailleurs, de l'intensification de notre action sur notre propre terrain national, sur lequel nous devons exiger de larges réalisations.

La Conférence de Leeds.

Le 1er Mai 1916, le Comité confédéral, auquel assistaient les camarades Appleton et O'Grady, pour les Trades-Unions anglaises. Cabrini député italien, Rigola et Qualino, pour la C. G. T. italienne ; Gaspar, pour la Commission syndicale belge, décidait la tenue d'une Conférence internationale des Prolétariats des pays alliés, à l'effet d'examiner les conditions générales de la paix au point de vue ouvrier.

Cette Conférence eut lieu à Leeds, Angleterre, en juillet de la même année. Y assistaient, outre les délégués français et anglais, Gaspar et Mahlmann, pour la Belgique ; Cabrini, Calda et Bonfiglio, pour une fraction de 80,000 membres de la C. G. T. italienne, le Comité de cette dernière ayant rejeté la proposition acceptée par les délégués Rigola, secrétaire confédéral, Quaglino, secrétaire de la Fédération du Bâtiment ; enfin de Ambris et Bazzi y représentaient le Comité syndicaliste italien, comptant 140,000 membres.

A l'ordre du jour de cette Conférence figuraient outre l'organisation de l'émigration, main-d'œuvre étrangère, les clauses générales ouvrières à faire insérer dans le traité de paix, déjà publiées dans la *Voix du Peuple*, numéro du 1er mai 1916.

La Conférence eut également à examiner la propositon de l'A. F. of Labor, tendant à la tenue d'un Congrès ouvrier international aux mêmes lieu et jour que la Conférence des diplomates pour la paix, proposition déjà acceptée par la C. G. T. française dès la fin de 1914.

Sur cette question, les Anglais déclarèrent dès l'abord, qu'ils la repoussaient, étant donné son côté non pratique, et pour la raison qu'ils n'entendaient pas se rencontrer avec des délégués ouvriers des empires centraux ayant que les territoires français et belges ne fussent libérés.

Sur intervention de la délégation française, déclarant être partisante de ce Congrès international, le principe en fut conservé, mais la date qui doit être située avant l'ouverture des débats diplomatiques, le lieu et les invitations furent laissés momentanément en suspens. Les délégués français se rallièrent à ce point de vue, déclarant cependant que leur décision concernant la proposition américaine restait pleine et entière.

La discussion porta ensuite sur le transfert du Secrétariat international syndical dans un pays neutre, son fonctionnement devant être assuré par un personnel ressortissant d'un pays neutre. Proposition faite à l'Internationale syndicale par la France et l'Angleterre dès février 1915, et à laquelle s'étaient ralliées complètement l'Amérique, l'Australie et avec des restrictions la Suisse.

La Conférence confirma cette proposition, devenue pour l'avenir même de l'Internationale ouvrière d'une nécessité absolue, et décida, en outre, pour la période transitoire, de constituer un bureau de correspondance, dont le siège fut fixé à Paris et ayant comme correspondant le Secrétaire confédéral.

La Conférence de Leeds ayant suscité des interprétations tendancieuses, représentants les participants comme ayant voulu jeter les bases d'une nouvelle internationale, le Secrétaire confédéral prit alors l'initiative d'adresser aux Centrales nationales syndicales adhérentes au Secrétariat syndical international, afin de rétablir les faits, une circulaire explicative.

On retrouve, dans les décisions de Leeds, concrétisés, les principes contenus dans le rapport confédéral cité plus haut.

La circulaire était ainsi conçue :

AUX CENTRALES NATIONALES SYNDICALES

CAMARADES,

Les représentants des prolétariats des pays alliés, France, Angleterre, Belgique et Italie, pour une fraction, ont tenu, en Juillet 1916, à Leeds (Angleterre), une Conférence internationale.

Cette Conférence avait pour but de discuter, sur un minimum de questions du travail, constituant « les clauses ouvrières » à faire insérer dans le traité de paix.

Ces questions ne furent nullement traitées dans un sentiment d'égoïsme national, ni avec un esprit exclusiviste.

En discutant ces questions, nous n'avons eu en vue que l'intérêt général du prolétariat mondial et le souci, en unifiant le plus possible les conditions ouvrières, de resserrer les liens entre les travailleurs de tous les pays et de faire disparaître, en partie, la concurrence économique que se font les Etats, au détriment des classes productrices.

De tous temps, lorsque les travailleurs organisés d'un pays réclamaient une amélioration générale, la réponse patronale était « que l'on ne pouvait pas accorder satisfaction, en raison de la concurrence et des conditions inégales de salaires et de durée de travail dans les autres pays ».

Il nous a paru que les classes ouvrières devaient profiter du prochain traité de paix pour, par l'adoption de conventions internationales, faire disparaître ces mauvaises raisons.

Le travailleur est citoyen du monde, disons-nous ; il ne le sera vraiment que le jour où, partout il portera son effort travail, il jouira des mêmes droits et des mêmes libertés que les ouvriers nationaux.

La Conférence, après avoir adopté les conclusions ci-contre, a décidé de les communiquer à toutes les organisations syndicales de tous les pays, leur demandant de les examiner, et, si elles les adoptaient, d'engager une action auprès de l'opinion publique et du gouvernement de leur pays, pour qu'au prochain traité de paix cette volonté prolétarienne fusse inscrite dans les clauses internationales à intervenir.

Les clauses ouvrières.

La Conférence déclare que le traité de paix qui mettra fin à la guerre actuelle qui assurera aux peuples la liberté et l'indépendance politique et économique doit également mettre hors des atteintes de la concurrence capitaliste internationale et assurer à la classe ouvrière de tous les pays un minimum de garanties d'ordre moral et matériel relatives au droit au travail, au droit syndical, aux migrations, aux assurances sociales, à la durée, à l'hygiène et à la sécurité du travail.

Ces garanties doivent être basées sur les principes suivants :

1º *Droit au travail, droit syndical*

Tout travailleur, quelle que soit sa nationalité, a le droit de travailler là où il peut occuper son activité. Tout travailleur doit jouir, dans le pays où il exerce cette activité de toutes les garanties d'ordre syndical dont jouit le travailleur national, notamment du droit de participer personnellement à l'administration de son syndicat.

Aucun travailleur ne peut être expulsé pour fait d'ordre syndical ou corporatif. Les arrêtés d'expulsion sont toujours susceptibles d'appel devant un tribunal d'ordre judiciaire.

Aucun travailleur étranger ne doit recevoir de salaire, ni subir de conditions inférieures au salaire normal et courant et aux conditions de travail en usage dans la ville où la région pour les travailleurs de la même profession ou de la même spécialité.

Ces salaires et conditions sont ceux spécifiés dans les contrats passés entre syndicats patronaux et ouvriers. A défaut de ces contrats ces salaires et conditions seront constatés par des commissions mixtes composées de délégués des syndicats patronaux et ouvriers.

2º *Migrations*

Les migrations ouvrières sont organisées et basées sur les organisations nationales de placement.

Chaque pays doit organiser une Commission spéciale des migrations où sont représentées, à côté du gouvernement, les organisations nationales patronale et ouvrière.

Le recrutement des travailleurs dans un pays étranger n'est autorisé qu'après avis favorable des commissions des pays intéressés qui ont à examiner si, et dans quelles limites ce recrutement correspond aux besoins réels d'une industrie ou d'une région et si les contrats d'embauche précisent clairement des salaires et conditions de travail conformes aux prescriptions indiquées ci-dessus.

Le recrutement des émigrants est placé sous le contrôle de l'organisation ouvrière du pays d'émigration.

L'exécution des contrats de travail est placée sous le contrôle de l'organisation ouvrière du pays d'immigration.

Au cas où il serait nécessaire de faire appel à la main-d'œuvre de couleur, son recrutement est soumis aux mêmes conditions que celui de la main-d'œuvre européenne, et elle jouit des mêmes garanties.

De plus, les industriels qui emploient cette main-d'œuvre doivent organiser, à leurs frais et sous le contrôle du service de l'Instruction publique, les cours nécessaires pour apprendre aux travailleurs de couleur à parler, lire et écrire dans la langue du pays où ils sont employés.

3° *Assurances sociales*

a) Les travailleurs, victimes d'accidents du travail, et leurs ayants-droit, quelle que soit leur nationalité et le lieu de leur résidence, sont, en ce qui concerne la réparation des dommages résultant des accidents du travail, assimilés purement et simplement aux travailleurs nationaux.

La situation des travailleurs occupés temporairement hors du pays où l'entreprise qui les emploie a son siège et les travailleurs attachés à des entreprises de transport et qui sont occupés de façon intermittente, et même habituellement, sur le territoire de plusieurs Etats, est réglée d'après la législation de l'Etat où est le siège de l'entreprise qui les emploie.

Les autorités des divers Etats doivent se prêter mutuellement leurs bons offices en vue de faciliter, de toutes parts, l'exécution des lois relatives aux accidents du travail.

Tous les actes, certificats, documents passés ou délivrés dans un Etat aux fins d'exécution de lois d'un autre Etat, en matière d'accidents du travail, jouiront, le cas échéant, des exemptions de droits fiscaux et de la délivrance gratuite stipulées par la législation de l'Etat où se fait la passation ou la délivrance.

b) Les pays qui n'ont pas encore organisé l'assurance-maladie, l'assurance-invalidité et vieillesse, et l'assurance-chômage, doivent s'engager à l'organiser dans de très brefs délais.

A l'expiration de ces délais, dans tous les pays, tous les travailleurs, quelle que soit leur nationalité, bénéficieront de ces assurances au même titre que les travailleurs nationaux.

Il doit être prévu les arrangements nécessaires pour assurer, sans interruption le bénéfice de ces assurances aux travailleurs appelés à changer de résidence ainsi que le contrôle et le versement des indemnités hors des frontières respectives.

c) Néanmoins, il doit être spécifié que, de suite, dans tous les pays, et en attendant le fonctionnement de l'assurance-maladie, les maladies professionnelles sont assimilées pour leur réparation aux accidents de travail.

4° *Limitation du temps de travail*

L'âge d'admission des enfants au travail industriel, commercial et agricole et la prolongation de la scolarité est fixé à quatorze ans.

Le travail de nuit et dans les industries à feu continu est interdit aux femmes et aux adolescents de moins de dix-huit ans.

Un repos hebdomadaire d'une journée et demie par semaine est obligatoire. Il est fixé au dimanche et au samedi après-midi, sauf exceptions pour quelques industries qui peuvent être autorisées à reporter ces repos sur d'autres jours de la semaine.

La journée de travail ne doit pas avoir une durée de plus de dix heures pour tous les travailleurs.

Cette durée est réduite à un maximum de huit heures dans les mines, les usines à feu continu et les industries insalubres.

5° Hygiène et sécurité

a) Les divers pays doivent prendre l'engagement de développer leur législation sur l'hygiène et la sécurité du travail et des travailleurs. Ils devront s'efforcer d'unifier ces législations pour chaque branche d'industrie. Ils devront notamment prévoir une entente permanente pour la lutte commune contre les poisons industriels, les procédés de fabrication défectueux ou dangereux et les maladies professionnelles.

b) Dans un bref délai (deux à cinq ans), les chemins de fer de tous les pays devront mettre en usage un même système d'accouplement automatique applicable à tous les wagons.

6° Contrôle et statistique

a) Les divers pays doivent prendre l'engagement de créer ou de compléter un service d'inspection du travail chargé de contrôler l'application des lois relatives à la durée, à l'hygiène et à la sécurité du travail et des travailleurs, natamment de celles prévues par les conventions internationales.

Les gouvernements se communiquent réciproquement les lois et règlements sur ces matières qui sont ou seront, en vertu des clauses internationales, en vigueur dans leurs pays respectifs ainsi que les rapports annuels concernant l'application de ces lois et règlements.

Les organisation ouvrières sont appelées à participer activement au contrôle de cette application.

b) Il est constitué une Commission internationale chargée de surveiller l'exécution des clauses du traité relatives aux assurances sociales, aux migrations, à la durée, à l'hygiène et à la sécurité du travail. Cette Commission est chargée d'émettre un avis sur toutes les questions et les plaintes qui lui seront soumises. Son avis est transmis à tous les intéressés. En dernier ressort une question en litige est, sur la demande d'un des partis, soumise au tribunal international d'arbitrage.

Cette Commission internationale est également chargée des pourparlers préliminaires et de l'organisation des conférences ultérieures que les gouvernements des divers pays devront réunir pour l'amélioration et le développement de la législation du travail.

c) Il est créé un Office international du travail chargé de la coordination des diverses enquêtes, études et statistiques, rapports nationaux sur l'application des lois ouvrières, de l'unification des méthodes de statistique, des rapports comparatifs sur les conventions internationales, de la préparation des enquêtes internationales, de l'étude de tout ce qui a trait au développement et à l'application de la législation du travail, à la protection, à l'hygiène et à la sécurité des travailleurs.

L'Office déjà créé par l'Association internationale pour la protection légale des travailleurs, peut être choisi pour l'exécution de ce programme, qu'il réalisera avec la collaboration du Secrétariat ouvrier international.

Il ne vous échappera pas que l'adoption de ces conclusions aura une double influence :

1° Par l'action pour leur réalisation, elle serait une reprise effective de la vie de l'Internationale ouvrière, sur des bases d'égalité, d'efforts et de responsabilité, le but étant bénéficiable à tous les pays ;

2° Par leur acceptation, qui constituerait une des bases de stabilité et de durée de la paix entre les peuples, but que nous devons, aujourd'hui encore plus qu'hier nous efforcer d'atteindre.

Outre ces conclusions, la Conférence de Leeds a renouvelé la proposition faite en février 1915, par la France et l'Angleterre, « « de transfert du Secrétariat international dans un pays neutre, son fonctionnement étant assuré par un personnel ressortissant d'un pays neutre», proposition déjà acceptée d'une façon complète par l'A. F. of L., la Fédération syndicale d'Australie, et avec des restrictions par la Commission syndicale Suisse.

Pour la période transitoire, la Conférence de Leeds a institué, entre les pays alliés, un « centre provisoire de correspondance », dont le siège est à Paris, le correspondant étant le secrétaire de la C. G. T. française.

Dès la réception de ce document, vous voudrez bien en examiner la teneur, et si votre organisation le juge utile, m'adresser, soit votre acceptation, soit vos modifications, soit votre refus d'adhérer à ces conclusions.

Recevez, camarades, mon salut fraternel et syndicaliste.

Le Correspondant du Centre provisoire de correspondance.

L. JOUHAUX.

Transfert du Secrétariat Syndical International

Entre temps, le 5 janvier 1915, le Bureau confédéral, en conformité d'une résolution du Comité confédéral, adressait au camarade Appleton, secrétaire de la Fédération des Trades-Unions anglaises, une lettre lui demandant l'avis de son Comité sur le transfert, pendant les hostilités, du siège du Secrétariat international dans un pays neutre, son fonctionnement étant assuré par des éléments neutres.

A l'occasion de la Conférence de Londres, les délégués de la C. G. T. et ceux de la Fédération de Trades Unions se réunirent au local de cette dernière et décidèrent d'adresser collectivement au Secrétariat international syndical, la demande de transfert, en déclarant, par avance, qu'il n'y avait, de leur part, aucun sentiment de suspicion à l'égard des fonctionnaires actuels. Il fut également décidé de faire parvenir cette demande par le canal du camarade Gompers, secrétaire de l'A. F. of Labor.

A cette première circulaire, faite dans un esprit qui ne pouvait blesser personne et qui n'était qu'un appel au bon sens, Legien nous fit savoir par l'entremise du camarade Oudegeest, secrétaire de la Centrale Nationale Syndicale de Hollande, qu'une telle proposition était contraire aux décisions des conférences internationales de Budapest et de Zurich, qui avaient établies le siège et les règles du Secrétariat syndical international. C'était une fin de non recevoir opposée à notre proposition. Dans une circulaire adressée aux Centrales nationales des pays neutres, le Secrétaire international ajoutait :

« Que répondre favorablement à la proposition franco-anglaise, c'était préjuger des rapports dans l'avenir avec les Syndicats allemands ».

Avec la fin de non-recevoir, la menace. Cela au moment même où les Socialistes allemands demandaient que le Secrétariat international socialiste fut retiré aux Belges, devenus belligérants par la volonté du kaiser.

De ce fait, peu de réponses nous parvinrent. Seuls, l'Amérique, l'Australie acceptèrent sans réserve notre proposition.

La Suisse en admit le principe sans en accepter la réalisation.

Puis on nous invita à formuler notre avis sur une conférence qui discuterait de là question et enfin, sans plus tenir compte de la proposition, qui était pour nous une condition essentielle de la reprise des relations avec le Secrétariat international, ont nous demanda de collaborer au *Bulletin International*, qui devait reparaître.

A cette occasion, *nous adressâmes aux Centrales nationales*, la circulaire suivante :

AUX CENTRALES NATIONALES SYNDICALES

CAMARADES,

En février 1915, nous portions à la connaissance des Centrales nationales syndicales adhérentes au Secrétariat syndical international, d'accord avec la *General Federation* des Trades-Unions d'Angleterre, une proposition de transfert du siège du bureau international dans un pays neutre, son fonctionnement devant être assuré par un personnel appartenant également à un pays neutre. A titre d'indication, nous donnions le nom de la ville de Berne (Suisse), comme celle pouvant être choisie pour siège provisoire du bureau syndical international. Notre proposition visait à une solution momentanée, rendue nécessaire, estimions-nous, par la guerre actuelle.

Dans notre esprit, comme dans celui de la *General Federation* des Trades-Unions, n'entrait nul sentiment d'animosité, nulle haine de nationalité Nous voulions que l'Internationale ouvrière puisse continuer à travailler pour le bien de tous, même pendant cette période critique.

Des réponses favorables ne nous sont parvenues que celles de l'A. F. of Labor d'Amérique, de la F. of Labor d'Australie, de la Centrale syndicale suisse, cette dernière avec des réserves.

Les autres pays adhérents se sont abstenus ou ont été mis, par les circonstances dans l'impossibilité de répondre. C'est le cas pour la Belgique.

Comme contre-proposition à la nôtre, nous avons reçu une invitation à formuler notre avis sur une Conférence internationale qui aurait à discuter de la question.

Notre réponse fut négative.

De la non-réalisation de cette seconde proposition, nous en concluons qu'elle fut rejetée par une majorité des Centrales consultées.

Aujourd'hui, nous recevons une invitation à collaborer au *Bulletin international*, organe officiel du bureau syndical international qui, nous dit-on, va reparaître dans les mêmes conditions qu'antérieurement à la guerre.

A cette troisième proposition, nous sommes dans l'obligation de répondre négativement, notre collaboration à la publication du *Bulletin international* serait, en fait, notre adhésion au fonctionnement sans modification de personnel et de lieux du Secrétariat syndical international.

Cette situation d'expectative et d'inertie risque de s'éterniser pour le plus grand préjudice de l'Internationale.

C'est pourquoi nous portons à nouveau à la connaissance des Centrales nationales syndicales, notre proposition de transfert du siège du bureau syndical international dans un pays neutre, son fonctionnement étant assuré par un personnel ressortissant également d'un pays neutre.

Bien loyalement, nous déclarons aux camarades de tous les pays, que notre solution est la seule qui puisse permettre un fonctionnement effectif et efficace de l'Internationale ouvrière pendant la guerre.

Nous conjurons toutes les organisations ouvrières de ne voir, dans notre proposition, que le désir d'aider à rétablir la vie internationale des peuples organisés sur le terrain de la production.

La neutralisation du bureau international est une mesure que les circonstances imposent.

Sans arrière-pensée à l'égard d'aucune personnalité du mouvement syndical international, nous pensons qu'il serait bienfaisant de rallier à nouveau les prolétariats organisés de tous les pays, en donnant à chacun d'eux une possibilité complète de collaboration à l'œuvre commune. Pour cela, il est indispensable que l'on comprenne le sens élevé, dégagé de tout calcul personnel, de notre proposition et que l'on y fasse droit.

Raisonner objectivement, en tenant compte des événements que nous sommes impuissants à dominer, serait faire œuvre de conscience internationale ; ce serait également, nous n'hésitons pas à le dire, accepter notre solution provisoire, limitée à la durée de la guerre.

Nous avons bon espoir dans l'esprit d'impartialité des militants de toutes les Centrales nationales syndicales, dans leur attachement à l'Internationale, et c'est dans cette espérance que nous vous adressons notre salut fraternel et syndicaliste.

Paris, le 20 septembre 1915.

Pour la C. G. T. :

Le Secrétaire,

L. JOUHAUX.

A cette seconde circulaire, nous ne recevions qu'une seule réponse d'Italie, que nous transmettions aux Centrales nationales :

AUX CENTRALES NATIONALES DES ORGANISATIONS SYNDICALES

Paris, le 13 novembre 1915.

CAMARADES,

A la suite de l'envoi de notre seconde circulaire relative au transfert du siège du Secrétariat international dans un pays neutre, nous avons reçu de la C. G. T Italienne, la proposition suivante :

« Etant donné que les résultats ne sont actuellement possibles qu'entre les pays de la quadruple entente et certains neutres, pourquoi ne pourriez-vous pas faire de Paris, le centre d'une correspondance internationale entre les susdits pays et les pays neutres qui voudraient échanger leurs correspondances, en attendant la réalisation de votre proposition de transfert. »

Le Comité confédéral a cru devoir accepter favorablement la proposition italienne, étant entendu qu'il ne s'agira pas de fonder un bureau international, mais tout simplement de permettre l'échange momentané de correspondances entre les différents pays qui voudraient correspondre par cette voie.

En conséquence, nous vous soumettons la proposition sus-mentionnée, avec l'avis du Comité confédéral français, vous demandant de bien vouloir nous faire connaître votre opinion à ce sujet et nous indiquer telle autre mesure qui permettrait de renouer une correspondance internationale, but de nos efforts.

Dans l'attente de votre réponse, recevez ,camarades, notre salut fraternel et internationaliste.

Pour la G. C. T. :

Le Secrétaire,

L. JOUHAUX.

Depuis cette époque, nous attendons que l'on veuille bien prendre en considération notre proposition qui, réalisé, redonnerait vie à l'Internationale.

En septembre 1917, se tint à Londres une Conférence des Centrales syndicales des pays de l'Entente, à laquelle participa la C. G. T. et au cours de laquelle fut adoptée la résolution suivante sur le caractère que doit revêtir le traité de paix :

1º Que la paix marque la fin de tout militarisme ; que disparaisse, non seulement en Allemagne, mais dans tous les pays, toute idée d'hégémonie ; que dans l'avenir aucune tentative de ce genre ne puisse naître dans l'esprit d'un peuple qui se considérerait comme le plus fort ;

2º Pour la suppression de toute diplomatie secrète dans les relations entre les peuples, les principes démocratiques, qui doivent être demain la règle des relations internationales, exigeant que les peuples aient une connaissance exacte et précise des responsabilités et des engagements pris en leur nom ;

3º Pour la reconstitution dans leur indépendance de toutes les nationalités violées et opprimées ;

4º Contre toute annexion par la force, les peuples seuls ayant le droit de disposer d'eux-mêmes ;

5º Pour la liberté du trafic et des transports commerciaux dans l'avenir ;

6º Sur les moyens de perpétuer la durée de la paix ; demander l'organisation d'un système international ayant à sa base l'égalité de droits de toutes les nations petites et grandes ;

7º Pour assurer le respect des nationalités et perpétuer l'état de paix, il est indispensable que la fin des hostilités ait pour conséquence la constitution de la Société des Nations et non la division des peuples en deux Fédérations distinctes et hostiles ;

8º La constitution de la Société des Nations ou Etats-Unis du Monde doit avoir pour complément l'institution de l'arbitrage obligatoire réglant pacifiquement tous les conflits internationaux ; chaque Etat ayant le droit de faire appel à ce tribunal international et chaque Etat ayant l'obligation de se soumettre à sa sentence ;

9º La limitation des armements — mesure précédant le désarmement international général — non pas dans le sens de l'équilibre qui, jusqu'ici a été seul envisagé, mais dans une limitation pour le droit ;

10º Affirme que toutes ces mesures nécessaires ne vaudront qu'autant que les prolétariats de tous les pays, unis dans l'Internationale ouvrière, sauront par un état d'esprit vraiment international, en imposer la réalisation et en assurer la continuité.

Pour la Conférence de Berne

Au mois de mai 1917 l'Union suisse des Fédérations syndicales prenait l'initiative de réunir à Berne, une Conférence syndicale internationale.

Le Comité confédéral en discutait dans une séance au cours de laquelle étaient examinées d'autres propositions venues d'Angleterre et de Hollande et concluait dans le sens indiqué par la lettre suivante adressée aux organisations :

CAMARADES,

Dans sa séance du 2 juin 1917, le Comité confédéral eut à examiner trois propositions, la première en date, venue de la Suisse et proposant la tenue d'une Conférence internationale syndicale en Suisse ; la seconde, était un vœu du Comité central de la G. F. des Trades-Unions anglaises, tendant à la tenue d'un Congrès des organisations ouvrières des pays de l'Entente, la troisième consistait en un télégramme, adressé par la Centrale syndicale hollandaise, au nom du Secrétariat syndical international et nous invitant à désigner nos délégués pour une Conférence qui devait se tenir à Stockholm.

Le Comité confédéral, fidèle à sa ligne de conduite, décida, à l'unanimité des membres présents, d'accepter la proposition de la Suisse, étant entendu qu'une Conférence préalable des pays de l'Entente aurait lieu, et si possible dans la même ville que la Conférence internationale.

La Conférence en Suisse aura à s'occuper du transfert du Secrétariat syndical international dans un pays neutre, ainsi que le Comité n'a jamais cessé de le réclamer depuis octobre 1914.

C'est ce point de vue qui, aujourd'hui, triomphe, comme c'est le programme ouvrier adopté par la Conférence de Leeds, juillet 1916, qui est accepté par toutes les Centrales nationales syndicales de tous les pays, ainsi qu'en témoigne un télégramme reçu des pays scandinaves au nom de toutes les organisations ayant participé à la Conférence de Stockholm.

Nous avions donc raison, lorsque nous déclarions être allé faire à Leeds une œuvre éminemment utile et efficace, au point de vue ouvrier international.

La Conférence suisse, conférence convoquée par des neutres, pourra accomplir une œuvre grandiose, sans déterminer la paix, elle en hâtera l'heure, en permettant à l'Internationale ouvrière, enfin neutralisée, de réaliser une action dans laquelle tous les prolétariats auront des intérêts communs.

Nous portons cette importante décision à la connaissance de toutes les organisations ouvrières confédérées, certains qu'elle recevra leur approbation unanime.

Recevez, camarade, notre salut fraternel et syndicaliste.

Pour le Comité confédéral.
Le Secrétaire,
L. JOUHAUX.

Le refus des passeports opposé à la délégation nommée par le Comité confédéral, ce dernier protesta dans les termes suivants contre la mesure gouvernementale.

Protestation.

Le gouvernement a cru devoir refuser les passeports nécessaires à la délégation de la C. G. T., pour se rendre à la Conférence syndicale internationale convoquée à Berne pour le 1er octobre, par la Centrale syndicale suisse.

Nous ne voulons pas analyser les raisons qui ont dicté la décision du gouvernement, nous déclarons seulement que ces raisons ne sauraient se justifier, alors que tout récemment, pour une autre Conférence internationale, celle-là religieuse, à laquelle participaient également des délégués des Empires centraux, les passeports ont été accordés aux délégués français.

Pourquoi la C. G. T. française voulait-elle aller à la Conférence syndicale internationale de Berne ?

D'abord parce que cette Conférence était convoquée par un pays neutre, la Suisse et ensuite, parce qu'elle avait pour objet d'obtenir « le transfert du siège du Secrétariat syndical international — actuellement à Berlin — dans un pays neutre, son fonctionnement étant assuré par un personnel neutre ». Enfin parce que la C. G. T. française est intervenue pour ce transfert auprès des Centrales syndicales successivement en octobre 1914-Février 1915 et juillet 1916.

Nous estimons nécessaire la reconstitution de l'Internationale ouvrière. Pour résoudre toutes les graves questions de droit ouvrier international que la guerre a soulevé, que pose la « constitution de la Société des Nations », il sera indispensable de donner la parole aux mouvements prolétariens de tous les pays, sans le concours desquels rien de durable et d'effectif ne saurait être fait.

Le Comité confédéral, expression ds la classe ouvrière française ne peut passer sous silence ce refus des passeports. Surtout qu'il s'agissait d'une question de pure politique ouvrière, dans laquelle les gouvernements ne peuvent s'immiscer sans immédiatement paraître tenir en tutelle les mouvements ouvriers, ce que la C. G. T française ne saurait, à aucun moment, tolérer.

Le Comité déclare que par ce refus le gouvernement suspecte les intentions et l'action des délégués, régulièrement désignés par les organisations syndicales, que ce faisant, il porte atteinte.à la dignité ouvrière et limite l'exercice des libertés de la classe ouvrière, sans tenir compte des immenses sacrifices consentis par elle, depuis août 1914.

Le Comité ne saurait, sans protester, laisser s'établir la pratique d'une politique aussi restrictive.

Attaché à la cause de la liberté des peuples, de laquelle il ne sépare pas celle de la classe ouvrière française, il dénonce la politique de suspicion pratiquée à l'ég.rd du mouvement ouvrier.

Le Comité veut croire que dans l'avenir, le gouvernement, en conformité du droit, accordera les passeports que nécessitera la prochaine Conférence syndicale internationale.

Le Comité confédéral portant ces faits à la connaissance des organisations syndicales 'est assuré que l'unanimité de la classe ouvrière sera avec lui, pour réclamer le triomphe de la politique de dignité et de liberté, qu'il a faite sienne en conformité des aspirations populaires.

LE COMITÉ CONFÉDÉRAL.

Pour la Conférence de Stockholm

Les 18 et 20 août 1917, le Comité confédéral recevait à leur retour d'Italie, les délégués russes du Soviet de Pétrograd. Ceux-ci, invitèrent la C. G. T. à se faire représenter à la Conférence de Stockholm qui devait se tenir en septembre ou octobre suivants.

Après les explications fournies par le citoyen Goldenberg, l'un des délégués russes, le Comité confédéral, à l'unanimité moins deux abstentions décidait de participer à la Conférence et en avisait immédiatement les organisations.

Le refus de délivrer les passeports aux délégués, opposé dans la plupart des pays de l'entente ne permit pas la tenue de la Conférence.

En acceptant la proposition des délégués russes, le Comité confédéral avait déclaré qu'il entendait voir discuter par la Conférence internationale la question des responsabilités dans la déclaration de la guerre.

De même, avait-il dit, les résolutions prises ne le seraient qu'avec des garanties formelles.

La Conférence interalliée de Londres.

L'année 1918, est marquée, dans l'action internationale ouvrière, par la Conférence interalliée socialiste et syndicaliste de Londres à laquelle participa la C. G. T. et qui se tint dans la deuxième quinzaine de février.

Cette Conférence devait permettre aux classes ouvrières des pays de l'Entente de se mettre d'accord sur un mémorandum commun définissant les conditions propres à fixer les bases d'une paix générale. Y étaient conviés, dans chaque pays, les partis socialistes et les Centrales syndicales. La C. G. T. accepta d'y participer.

Le Comité confédéral désigna une Commission chargée de s'aboucher avec la Commission nommée par le Parti socialiste pour présenter à la Conférence le point de vue français.

La Commission confédérale rédigea le texte ci-dessous qui fut présenté par elle à Londres au nom de la C. G. T. :

MÉMORANDUM DU MOUVEMENT OUVRIER FRANÇAIS

I

La guerre.

La C. G. T. déclare que, quelles que puissent avoir été les causes qui ont provoqué la guerre, il est évident que les peuples d'Europe, qui sont nécessairement les principales victimes des horreurs du conflit, n'y ont eux-mêmes aucune responsabilité. Il est actuellement de leur intérêt commun d'aboutir à la conclusion d'une paix générale, sûre et durable pour le monde entier.

II

Le monde doit être ouvert à la démocratie.

Quels que puissent être les buts pour lesquels la guerre a été entreprise, l'intention fondamentale de la C. G. T., est d'assurer pour l'avenir à la démocratie toute possibilité de développement.

De tous les buts de Paix, aucun n'est si important, pour tous les peuples du monde entier, que de faire en sorte qu'il n'y ait plus de guerre à l'avenir.

Pour parvenir à cette fin, la C. G. T. compte très fortement sur une démocratisation complète de tous les pays ; sur l'abandon sincère de toute forme d'impérialisme, sur la suppression de la diplomatie secrète et sur la soumission de la politique extérieure, comme de la politique intérieure, au contrôle des assemblées législatives, élues par le peuple ; sur la responsabilité absolue du ministre des Affaires étrangères de tous les pays devant le Parlement ; sur une action aussi concertée que possible pour l'abolition universelle des armées de caserne ; sur la limitation générale des armements, dont tous les peuples sont surchargés ; sur la suppression radicale des entreprises privées de guerre, qui profitent des armements et dont l'intérêt est de provoquer sans cesse des menaces de guerre. Mais elle demande en outre, qu'une clause essentielle du traité de paix lui-même crée une autorité supranationale ou ligue des nations, à laquelle ne devront pas seulement adhérer tous les belligérants actuels, mais à laquelle tous les autres Etats souverains et indépendants seront instamment invités à se joindre ; l'établissement immédiat, par cette Société des Nations, non seulement d'une haute-cour internationale pour le jugement de toutes les contestations entre Etats, mais aussi la formation d'une Assemblée législative internationale, dans laquelle les représentants de tous les Etats civilisés auront une place déterminée ; le développement graduel d'une législation internationale, acceptée par tous, et les liant d'une manière précise par un engagement solennel, donnant l'assurance que les conflits entre deux ou plusieurs Etats seront soumis au jugement indiqué ci-dessus et que tous feront nécessairement cause commune contre tout l'Etat ou contre tous Etats, par tous les moyens à leur disposition, pour les contraindre à adhérer aux termes de cet accord.

III

Questions territoriales.

La C. G. T. réprouve les tentatives faites, tantôt dans un camp, tantôt dans un autre, pour transformer la guerre présente en guerre de conquête. Dès que les conditions d'une paix permanente seront assurées, la lutte ne pourra être prolongée d'un seul jour, en vue d'étendre les frontières d'un Etat. Mais il est impossible d'ignorer le fait, que non seulement des restitutions et des réparations, mais aussi certains remaniements territoriaux peuvent, sur la base de la liberté, des peuples à disposer d'eux-mêmes, apparaître nécessaires, si l'on veut éviter le renouvellement des armements et le retour de la guerre.

a) *La Belgique.*

La C. G. T. déclare que la Belgique doit être considérée complètement restaurée comme Etat indépendant et souverain .

b) *L'Alsace-Lorraine.*

La C. G. T. considère que ce fut une grave erreur politique commise contre la paix quand, en 1871, l'Alsace et la Lorraine ont été arrachées à la France par violence. Elle sympathise profondément avec les infortunés habitants de l'Alsace et de la Lorraine ; elle demande que les Alsaciens-Loorains aient le droit de décider librement de leur propre sort, sous la protection et la garantie d'une Commission internationale.

c) *Les Balkans.*

La C. G. T. estime que dans l'intérêt de la Paix du Monde et pour écarter toute domination étrangère, cause de conflit, les Etats balkaniques constitueront une Fédération balkanique.

Cette Fédération, basée sur la tolérance religieuse et sur l'égalité politique, de toutes les races, constituera une Union douanière, comprenant l'assemblée des Nations balkaniques et une Fédération pour régler, par consentement mutuel, toutes les questions d'intérêt commun.

Pour atteindre ce but, les peuples balkaniques doivent avoir liberté complète de déterminer leur propre destinée et de procéder à leur réorganisation administrative et politique, sans devoir tenir compte d'aucune prétention de domination étrangère.

d) L'Italie.

La C. G. T. témoigne sa sympathie à tous les peuples de langue et de race italienne, que les accords diplomatiques du passé ont laissé en dehors de l'unité italienne.

Rejetant tous les buts de conquête de l'impérialisme italien, elle pense qu'il peut être donné satisfaction à tous les désirs légitimes du peuple italien, y compris ceux touchant la réunion de leurs frères de race, sans qu'il soit nécessaire de nier les besoins des autres ou d'annexer le territoire d'autrui.

e) La Pologne, etc.

La C. G. T., en ce qui concerne la question polonaise, proclame que le seul moyen d'y donner une solution durable, résulte de la reconstitution de la Pologne en État indépendant, et qu'il y a lieu, comme à tous les pays placés sous la domination étrangère, de lui appliquer le principe qui permet à chaque peuple de disposer de son propre destin.

f) Les Juifs et la Palestine.

La C. G. T. demande pour tous les Juifs de tous les pays les mêmes droits élémentaires de tolérance, de liberté, de résidence et de commerce, ainsi que de liberté politique, que l'on doit accorder aux citoyens de chaque nation. Elle exprime l'opinion que la Palestine constitue un gouvernement libre, sous garantie internationale, où les Juifs pourront retourner s'ils le désirent et se développer en dehors de l'intervention de toute race ou religion étrangères.

g) Le Problème de l'Empire turc.

La C. G. T. proclame, en ce qui concerne l'Arménie, la Mésopotamie et l'Arabie, la nécessité de donner à ces pays, la plus large autonomie.

La C. G. T. réprouve les buts impérialistes des gouvernements et des capitalistes qui voudraient faire de ces territoires de simples objets d'exploitation, ou des instruments du militarisme. S'il n'est pas possible de laisser les peuples de ces territoires déterminer eux-mêmes leur propre destinée, la C. G. T. insiste pour que conformément à la formule : « Pas d'annexions », ils soient placés sous l'administration d'une Commission internationale, agissant sous le contrôle de la ligue des nations. Elle suggère, en outre, que la paix du monde demande que Constantinople soit un port libre, neutralisé d'une manière permanente.

h) Les colonies de l'Afrique tropicale.

La C. G. T. accepte l'amendement proposé, sous réserve que s'y trouve incluse la formule « retour des colonies à l'Allemagne », contre-partie légitime de ce qui est demandé à l'Allemagne pour la solution des questions européennes.

Elle déclare qu'en aucune manière, les cas d'espèces ne puissent constituer un obstacle à la paix.

IV

Les relatioqs écoqomiques.

La C. G. T. se déclare hostile à tous projets qui auraient été préparés par les impérialistes et les capitalistes, non seulement dans un pays déterminé, mais dans tous les pays, et qui tendraient à faire une guerre économique après la conclusion de la paix, à une ou à toutes les nations étrangères. Une guerre économique de ce genre, commencée par un pays déterminé, entraînerait inévitablement des représailles, auxquelles la nation visée pourrait être acculée pour se défendre. La C. G. T. pense que de pareilles tentatives d'agression économique, soit par des tarifs protecteurs, soit par des trusts capitalistes ou des monopoles, entraîneraient inévitablement la spoliation des classes ouvrières de chaque pays, au profit des capitalistes. Les travailleurs français voient, dans l'alliance des impérialistes-militaristes et des protectionnistes fiscaux de chaque pays, non seulement un danger sérieux pour la prospérité des masses populaires, mais aussi une grave menace pour la paix. D'un autre côté, chaque nation a le droit indéniable de défendre ses propres intérêts économiques et, en présence du déficit mondial, de conserver pour son peuple une quantité d'objets de consommation et de matières premières.

La C. G. T. invite, d'une manière pressante, les partis ouvriers de ch que p ys, à insister auprès de leur gouvernement respectif, quand il s'agira de déterminer l'attitude de celui-ci à l'égard des entreprises commerciales et de contrôler les objets de consommation, nécessaires pour le peuple, pour qu'il accepte le principe de la porte ouverte, limite strictement les droits de douane aux nécessités fiscales, et élimine tout traitement différentiel des nations étrangères. Mais il est également important, non seulement de maintenir, mais aussi de développer autant que possible, par une action gouvernementale appropriée, les ressources de chaque pays pour le bien ,non seulement de ce peuple, mais aussi du monde. Il faut enfin proclamer la nécessité d'un traité international pour imposer dans tous les pays une législation sur le travail industriel, la limitation des heures de travail, l'interdiction du sweating système et des industries insalubres, dans le but de protéger les ouvriers contre l'exploitation et l'oppression.

V

Restauratioq des régioqs dévastées et réparatioq des domqmages.

La C. G. T. déclare que l'un des devoirs des plus impérieux de tous les pays, aussitôt la paix conclue, sera la restauration, autant que faire se peut, des maisons, fermes, usines, bâtiments publics et moyens de communications, qui ont été détruits par les opérations de guerre, que la restauration ne doit pas être limitée à l'attribution d'indemnités pour destruction ou dommages constatés aux édifices publics, aux entreprises capitalistes et aux propriétés matérielles, mais qu'elle doit comporter le rétablissement des salariés et des paysans dans leurs maisons et leurs emplois ,et que pour assurer la complète et impartiale application de ces principes, l'attribution et la distribution de l'indemnité doivent être opérées sur place par la création d'un fonds international contrôlé par une Commission internationale.

VI

Les problèmes de la Paix.

Pour ouvrir le monde à la Démocratie, il importe de faire plus que de prévenir la guerre. Le dessein de ceux qui veulent sauvegarder les intérêts capitalistes sera de soutenir que le traité de paix ne doit concerner que la cessation de la lutte et les modifications territoriales nécessaires. En vue de la pénurie probable, après la guerre, en vivres, en matières à exporter, et en fret commercial, et pour prévenir de graves souffrances ainsi que la famine toujours possible ça et là, la C. G. T. insiste pour que des arrangements systématiques soient conclus sur une base internationale, afin d'assurer la distribution et le transport des excédents utiles et exportables de ces marchandises dans les différents pays, non point en proportion du pouvoir d'achat de ceux-ci, mais en proportion de leurs besoins urgents. Dans chaque pays, le gouvernement doit maintenir un certain temps son contrôle sur les marchandises de première nécessité, pour garantir leur distribution, non pas sous un régime de concurrence dont profiteraient les classes les plus riches, en proportion de leurs ressources, mais systématiquement, pour satisfaire les besoins pressants de tout le monde, conformément à la règle que personne n'aura de gâteau tant que quelqu'un manquera de pain.

On peut s'attendre, en outre, à ce que dans tous les pays, la dislocation de l'industrie des munitions, à la suite de la conclusion de la paix, le renvoi de millions de soldats à un moment où le capital industriel est insuffisant, où l'on manque de matières premières, où les entreprises commerciales sont peu sûres, plongent une grande partie de la population salariée dans la misère d'un chômage plus ou moins prolongé, si chaque gouvernement n'agit pas avec rapidité et énergie. La C. G. T. pense que le chômage, comme la famine, n'est pas seulement un désastre pour le pays qu'il atteint, mais qu'il constitue un appauvrissement pour le reste du monde. Elle soutient donc qu'il est du devoir de tous les gouvernements d'entreprendre une action immédiate, non pas seulement pour secourir les chômeurs, mais pour prévenir dès maintenant le chômage dans toute la mesure du possible. Il est nécessaire que les mouvements ouvriers de tous les pays exercent une pression sur leurs gouvernements pour préparer les plans d'exécution de nombreux travaux publics, tels que la construction et la réparation des routes, des chemins de fer et des canaux, la construction d'écoles, d'édifices publics et d'habitations ouvrières, ainsi que l'amendement et l'afforestation du pays. Ces travaux seront nécessaires dans un avenir prochain, non pour secourir les chômeurs, mais pour être entrepris en nombre suffisant dans chaque localité, concurremment avec les diverses entreprises capitalistes en exploitation, de telle sorte que, chaque année et durant toute l'année, il soit maintenu un niveau suffisant d'occupation pour répondre à la demande collective de travail. On sait, aujourd'hui, que par ce moyen, il est possible aux gouvernements de prévenir, s'ils le veulent, le chômage involontaire ou involontairement prolongé, et, si ce chômage survient actuellement dans n'importe quel pays, il peut être considéré comme la conséquence de la négligence gouvernementale, exactement comme une épidémie.

Ce texte fut fondu dans le mémorandum issu de la Conférence interalliée.

Ce mémorandum a été porté à la connaissance de la classe ouvrière française par le moyen d'une brochure spéciale, éditée par les soins de la C. G. T. et du Parti socialite.

La Conférence socialiste-syndicaliste interalliée de Londres avait désigné une délégation chargée d'aller en Amérique pour conférer avec les organisations ouvrières en vue de la tenue d'une Conférence internationale.

Des difficultés de tous ordres surgirent qui empêchèrent que cette décision put être mise à exécution.

*
* *

Dans les premiers jours de mai, arriva en France une délégation ouvrière américaine, ayant pour but de prendre contact avec les syndicats ouvriers français.

Une conférence qui dura deux jours fut tenue à Paris, au siège de la C. G. T. Au nom des organisations ouvrières françaises, le Secrétaire confédéral prononça le discours suivant :

Nous sommes heureux de vous recevoir ici, dans la Maison des Organisations syndicales. Cette Maison est humble, elle n'est certainement pas semblable aux maisons que vous pouvez avoir en Amérique, mais elle représente pour les organisations syndicales autant de sacrifices, si ce n'est plus, que celles des travaillistes des autres pays : sacrifices et souffrances ont été accumulées par les organisations syndicales pour pouvoir instituer cette maison, être libérées ainsi de toute tutelle et pouvoir en toute liberté délibérer sur l'action que nous avons à mener.

Je ne veux pas ici retracer l'histoire de notre mouvement syndical, je veux simplement vous dire que cette Maison a été acquise par les organisations ouvrières à un moment où elles étaient chassées des maisons municipales pour une action que nous considérions comme primordiale pour la classe ouvrière : l'action contre la guerre. Nous sommes heureux aujourd'hui de vous donner l'hospitalité dans cette même Maison, de rapprocher la date de son édification de la date qui nous réunit, et j'espère que des discussions qui vont y avoir lieu sortira une décision d'action commune qui hâtera la fin de la guerre et amènera la paix des peuples.

Camarades de l'American Federation of Labor, je vous salue.

***

Nous allons maintenant aborder la discussion générale. Nous avons, hier, par un premier échange de vues, amorcé les questions sur lesquelles nous allons aujourd'hui discuter. De cet échange de vues, il résulte pour nous une double constatation. Nous sommes en complet accord en ce qui concerne le texte même du memorandum de Londres, c'est-à-dire les bases générales sur lesquelles la Paix des Peuples doit se faire. Si nous sommes d'accord sur ce texte, il est non moins exact de dire que nous sommes en désaccord sur la tactique qu'il convient d'observer pour aboutir aux fins que nous nous sommes fixées.

Le prolétariat français ici représenté, du point de vue économique comme du point de vue politique, a, après des discussions multiples, après un processus d'analyses des différentes situations et des différentes questions qui se posaient accepté par deux fois différentes l'idée d'une Conférence internationale.

Pourquoi les organisations ouvrières françaises et plus particulièrement les organisations syndicales ont-elles accepté l'idée d'une Conférence internationale ? Comme je vous le disais hier, en novembre 1914, déjà, répondant à une invitation de l'A. F. of Labor, nous acceptions l'idée de la Conférence internationale proposée. Déjà nous nous déclarions partisans d'une rencontre au cours de laquelle nous échangerions nos points de vue, nous exposerions les raisons de notre attitude et nous définirions les buts que nous avons donnés à la fin de cette hécatombe. Depuis 1914, la C. G. T. n'a pas changé d'opinion et, en février 1915, avec les organisations syndicales et politiques de la Belgique, de l'Angleterre, de l'Italie, nous définissions les mêmes points de vue, nous affirmions les mêmes sentiments et nous déclarions à tous les travailleurs organisés du monde entier, qu'entraînés dans la guerre, obligés de faire face au danger d'hégémonie, nous n'entendons pas un seul instant que cette nécessité de lutte défensive puisse se transformer en une action de conquête ou d'annexion. Et nous, membres de la C. G. T. nous allions plus loin. Nous rencontrant avec nos camarades de la G. F. of Trade-Unions, nous leur demandions d'être avec nous pour demander au prolétariat mondial de bien vouloir faire que le siège du Secrétariat international soit transporté dans un pays neutre pour que la vie de l'Internationale elle-même puisse continuer et qu'ainsi, si un jour les circonstances permettaient une action, nous puissions, par ce canal neutre, organiser la réunion qui serait devenue nécessaire et prendre en commun les décisions nécessitées par les circonstances.

Ce vœu fut transmis par nos camarades de la G. F. et par nous-mêmes au Comité exécutif de l'A. F. of Labor et nous eûmes le plaisir de constater que cette proposition était acceptée par votre organisation, que l'A. F. était avec nous pour demander que le siège du Secrétariat international syndical soit transporté dans un pays neutre, en un mot que l'A. F. était avec nous pour que la vie de l'Internationale ne fut pas suspendue une minute.

C'est sur ce point de vue que nous, C. G. T., nous sommes restés ; constamment notre pensée a été orientée vers les possibilités d'affirmation internationale sur les principes que nous avions nous-mêmes définis, et, c'est ainsi qu'à nos Conférences nationales, comme aux Conférences interalliées, avec nos camarades anglais, belges, italiens, — ou tout au moins avec une fraction de la classe ouvrière italienne, — avec nos camarades serbes, nous avons également affirmé notre point de vue de discuter, non seulement les questions qui pourraient se rapporter à notre programme économique de la paix future, mais fixer les bases sur lesquelles la paix pouvait être conclue. Nous avons demandé soit à Leeds en 1916, soit à Londres en 1917, que des clauses ouvrières fussent insérées dans le traité de paix, et également, nous avons demandé à nos camarades de se prononcer en faveur d'une action internationale, dans les conditions de garantie absolue, en ce qui concerne l'attitude que nous adoptons dans notre pays au regard des circonstances présentes. A Leeds comme à Londres, si nous avons trouvé l'acceptation unanime sur les clauses ouvrières à insérer dans le traité de paix, nous avons, nous devons le dire, trouvé la même opposition en ce qui concerne la réunion de la Conférence internationale et laissez-moi vous dire, camarades américains, que la dernière opposition, celle qui fut faite à l'égard de la Conférence syndicale internationale qui devait se tenir à Berne, a eu pour nous, mouvement ouvrier international, une conséquence malheureuse. Il n'est pas douteux, et nous pouvons ici vous l'affirmer hautement, que si les représentants des prolétariats anglais, italiens, belges, français, américains se fussent touvés à Berne, si nous avions pu exposer devant les prolétariats organisés syndicalement des autres pays notre point de vue, — d'abord notre venue à cette Conférence internationale aurait déterminé la venue des syndicats de nombreux pays, — nous avons l'assurance formelle que notre présence eut été pour la cause que nous représentons une victoire, nous eussions obtenu, cela ne peut faire de doute pour personne, le transfert du Secrétariat syndical international dans un pays neutre ; nous eussions ainsi reconstitué sur le terrain de la neutralité qui nous est indispensable, la vie internationale de l'organisation syndicale. Nous devons tenir compte de cette situation et c'est parce que nous en tenons compte, c'est parce que nous avons compris et que nous comprenons encore la nécessité d'aboutir au résultat que nous nous sommes toujours fixé, qu'à la Conférence nationale de Clermont-Ferrand, nous avons voté les résolutions d'unanimité que vous connaissez. A Clermont-Ferrand, malgré les divergences d'opinion qui peuvent et je dirai même qui doivent presque exister dans un mouvement aussi vivant et aussi actif que le nôtre, où la guerre n'a pas eu pour conséquence de modeler tous les cerveaux et d'unifier toutes les façons de penser, dans notre mouvement si actif, nous avons obtenu l'unanimité devant la grandeur de l'effort à accomplir et c'est unanimement que nous sommes allés à la Conférence interalliée de Londre. C'est unanimement que nous avons accepté le mémorandum dont vous-même acceptez le texte et c'est unanimement aussi que nous avons accepté l'idée de la Conférence internationale.

Oui, c'est là la question qui nous divise ! Mais il faut, camarades délégués de l'A. F. of Labor, que vous reportiez aux camarades adhérant aux organisations syndicales américaines, que vous disiez du prolétariat américain que la situation dans laquelle nous nous trouvons actuellement est une situation particulièrement douloureuse, particulièrement pénible et que si nous n'avons pas le désir, si nous n'avons pas la vlconté de ne pas tomber sous une hégémonie quelconque, si nous repoussons une paix qui nous livrerait à un organisme gouvernemental plus rétrograde encore que celui que nous possédons, nous voulons examiner l'action à faire, pour que ce pays, que nous aimons tous, ne soit pas mené à la ruine complète. Nous voulons que le prolétariat de ce gays qui représente l'espoir de la conception qui nous anime, nous voulons que les travailleurs français puissent demain continuer l'œuvre que nous avons entreprise pour réaliser non plus la République bourgeoise, mais la pleine République sociale, celle qui pourra faire l'union de tous les peuples et réaliser ainsi le domaine du travail international. C'est parce que nous avons ces pensées que nous voulons aller les exprimer dans une Conférence internationale en nous entourant de toutes les garanties nécessaires et désirables. Nous voulons aller dire aux prolétairats des Empires centraux qu'ils doivent être avec nous pour l'action que nous nous sommes donnée ; qu'ils doivent être avec nous pour la libération car ce n'est pas seulement la libération d'une nation, mais c'est la libération de toutes les nations. Nous voulons leur dire que malgré les dangers sans nombre, que malgré les deuils considérables qui ont frappé ce pays — près de deux millions de tués — oui, malgré ces deuils-là, nous voulons leur dire que les sentiments de haine à l'égard des peuples des Empires centraux n'ont pas envahi nos cœurs, et demain, si sincèrement ils sont avec nous, nous ferons l'action nécessaire pour aboutir à l'affirmation nationele qui, mettant la paix en dehors de la volonté de tractation secrète de quelques-uns, réalisera vraiment le programme élaboré par votre illustre président Wilson.

Voilà ce que nous voulons aller leur dire dans une Conférence internationale et, je ne pense pas, étant donné la situation particulière dans laquelle nous nous nous trouvons, étant donné les grands sacrifices consentis à la Conférence interalliée de Londres, que l'A. F. of Labor puisse, après votre retour, après les explications que vous lui aurez données, après les raisons que vous lui apporterez, se maintenir dans l'attitude de l'intransigeance qu'elle paraît avoir prise à l'heure actuelle. Il lui suffira de se rappeler sa proposition de novembre 1914, pour qu'immédiatement, se sentant sûre du droit qu'elle représente avec nous, se sentant assurée des garanties que nous aurons prises, elle consente à venir à la Conférence internationale d'où, je le crois, une solution sortira. Ou bien les prolétariats des Enpires cemtraux refuseront d'accepter les conditions que nous avons nous-mêmes élaborées, et alors il ne nous restera plus qu'à continuer la lutte, — mais nous aurons tout de même éclairé le chemin que nous suivons, — ou bien alors, ils accepteront les conditions que nous avons nous-mêmes acceptées et alors, d'un commun accord, nous pourrons agir *pour* les peuples, parce que nous agirons *par* les peuples.

C'est ce que nous vous demandons, camarades de l'A. F. of Labor, d'examiner avec nous, non pas pour que vous preniez des décisions, — nous savons très bien que vous n'êtes qu'une représentation sans pouvoirs du prolétariat américain, — mais pour que vous emportiez fidèlement à vos camarades, non pas l'expression déformée de notre pensée, mais l'expression sincère de notre pensée, telle que vous la connaîtrez après les discussions qui vont s'ouvrir et je suis certain que non seulement des malentendus auront disparu, mais que des bases d'action commune surgiront de cette rencontre. *(Applaudissements.)*

A l'issue de cette Conférence avec la délégation ouvrière américaine, la question fut posée à nouveau au Comité confédéral, à savoir, si la question de la délégation européenne en Amérique pouvait être toujours posée. La Commissoin mixte du Parti socialiste et de la C. G. T. fut d'avis que le voyage d'études de la délégation américaine en Europe, ne retirait aucune raison d'accomplir la délégation européenne en Amérique ; qu'avec les pouvoirs que la Conférence interalliée de Londres avait donné à cette délégation, et les instructions qu'avaient formulées à leurs délégués les organisations françaises en particulier, le principal résultat cherché : l'adhésion de l'Amérique à une Conférence internationale était digne de susciter les plus grands efforts.

Le Comité confédéral, dans son unanimité, corrobora cette manière de voir et le maintien de la délégation du Secrétaire confédéral en Amérique fut voté.

Cependant, l'exécution de cette mission, en raison des événements et de la proximité du Congrès confédéral a été encore reculée à une date ultérieure.

***

A l'occasion de la tenue de son Congrès, le Labour Party invitait au cours du mois de juin dernier le Parti socialiste français à se faire représenter au sein de ses assises et ajoutait qu'il lui serait agréable qu'un délégué de la C. G. T. assistât, avec la délégation socialiste, au développement de ses travaux.

Le Comité confédéral, consulté, émit l'avis qu'il eut été désirable que la C. G. T. fut représentée au Congrès du Labour Party par son secrétaire, mais qu'étant donné les circonstances et surtout l'approche du Congrès confédéral, la présence à Paris du Secrétaire paraissait indispensable.

Le Comité confédéral décida qu'il serait répondu dans ce sens au Labour Party.

Mais, considérant l'importance que révélait la présence à Londres au Congrès des organisations anglaises des délégations socialistes française, danoise, hollandaise et belge, cette dernière comprenant le président et le secrétaire du bureau socialiste international, le Comité confédéral émit le vœu, qui fut transmis à la délégation socialiste française, pour qu'elle en fasse connaître, qu'aucune décision définitive ne fut prise à Londres par les Conférences des délégués neutres et interalliés, sur les questions qui préoccupent à bon droit tous les prolétariats et, en ce qui nous concerne, le prolétariat français, représenté par la C. G. T.

Le Comité émit l'avis qu'une réunion fut organisée à Paris, à l'occasion de la présence des délégués scandinaves en Europe occidentale, où les participants au vote du memorandum de Londres, 1918, se retrouveraient de manière à envisager les mesures les plus propres à réaliser les conditions posées par le memorandum.

Cette décision du Comité confédéral marque le terme de l'action internationale de la C. G. T. durant ces quatre dernières années.

**

En présentant ce rapport, qui n'est qu'un résumé de l'action principale de l'organisation centrale syndicale française, nous tenons à dire que l'attitude adoptée l'a été avec un élémentaire souci de la dignité, allié à celui des garanties indispensables à la sauvegarde des intérêts ouvriers.

Nous avons conscience qu'au cours des années douloureuses que nous venons de traverser, l'action de la C. G. T. s'est poursuivie sans la moindre abdication, conforme aux enseignements et aux traditions du passé, en même temps qu'elle se trouvait en harmonie avec les intérêts sacrés du présent et de l'avenir.

Pour le Comité confédéral :

Le Secrétaire,

L. JOUHAUX.

PARIS. — IMPRIMERIE NOUVELLE (ASSOCIATION OUVRIÈRE), 11, RUE CADET.

A. MANGEOT, DIRECTEUR. — 1133-18.

www.ingramcontent.com/pod-product-compliance
Lightning Source LLC
Chambersburg PA
CBHW030928220326
41521CB00039B/1231